빠르게 명확하게
전달하는힘

빠르게 명확하게

전달하는 힘

김지영 지음

위즈덤하우스

진심과 노력이 부서지지 않게, '전달의 힘'을 기르자!

좋은 사람을 많이 만났다. 그러나 좋은 사람이 많이 승리하지는 않았다. 좋은 사람은 '진심'을 갖고 있었다. 진심이 통할 것이라 믿었고 진심 하나로 승부를 보려 했지만, 많은 순간 그 진심이 좌절되는 현실을 보았다.

세상은 좋은 의지와 진심만이 통하는 곳은 아니었다. 나쁜 의도와 거짓을 무기 삼아 승리하기도 힘들지만, 좋은 의지와 진심만으로 성공할 수 없는 곳이기도 했다. 사랑도 마찬가지였는데, 좋은 사람들이 마음을 제대로 표현하지 못해서 혹은 잘 전달하지 못해서 실패했던 경험담도 많이 들었다. 진심으로 사랑했다고 사랑이 다 이루어지지는 않았다.

사랑도 세상도 진심만으로 해결되지는 않는다는 것, 진심을 토대로 많은 전략과 기술과 정성이 덧붙여져야 비로소 그 진심이 빛을 발한다는 걸 조금 더 일찍 깨달았으면 좋았을 뻔했다. 그랬다면 마음고생을 덜 했을 수도 있고, 좌절의 순간이 길어지지도 않았을 테고, 상처 또한 깊게 받지 않았을 것이다.

· · ·

나는 진심이 중요하다고, 진심으로 노력하면 이루지 못할 것이 없다는 진리를 배우고 자란 세대다. 우리 때는 그 명제가 통했을지 모르지만, 지금은 통하지 않는다. 아니, 턱도 없다. 진심과 노력이 배신당하는 시대다.

'왜 내 의도가 제대로 전달되지 않을까, 왜 내 마음이 오해를 받을까, 왜 사람들에게 의견을 말하는 게 이렇게 힘들까'라는 고민을 안고 있는 분들께 조금이라도 도움이 되고 싶은 마음으로 첫 장을 쓰기 시작했다. 내가 실제로 겪은 이야기들과 손에 쥔 작은 깨달음이 좋은 분들에게 힘이 되기를 바란다.

좋은 사람들이 힘을 갖는 세상이 바로 내가 원하는 곳이다. 남에게 내 생각을 전할 때, 남을 설득할 때, 남의 공감을 이끌어내야 할 때, 그 전하는 말 속에 힘이 있어야 목표한 바를 이룰 수 있다. 힘이 없는 말은 공중에 흩뿌려지기 쉽고, 원만한 포물선을 그리지 못한 채 목적지에 도달하지 못하고 고꾸라지기 마련이다. 진심과 노력이 나약하게 부서지는 것을 더 이상 보고 싶지 않다.

. . .

　내공이 있는데도 불구하고 전달과 설득의 힘이 모자라 회의 때 채택되지 못한 숱한 아이디어들, 성실함과 진정성 면에서 빼어났음에도 표현의 기술이 부족해 접어야 했던 전략들, 순수했지만 순진하기 짝이 없어 외면 받았던 진실들에게 미안한 날들이 떠오른다.

　고마운 이들도 생각난다. 목소리가 크면 제일인 줄 알고 무작정 목소리부터 높였던 사회 초년병 시절, 나의 큰 목소리를 참아주었던 많은 동료들에게 고맙다. 쌈닭 기질을 유감없이 발휘하며 여기 저기 들쑤시고 다녔던 시절, 싸우지 않고도 이기는 것이야말로 최고의 방법이라고 나지막이 충고해주었던 사수에게도 고맙다.

　한편 마구잡이로 피어오르는 화를 참지 못하고 뱉었던 독한 말들은 참으로 후회스럽다. 이 책은 내가 잘하고 있어서, 잘해온 사람이어서 쓴 것이 아니다. 미안하고 고맙고 후회스러운 날들 속에서, 수많은 실패와 좌절을 겪으며 터득한 '전달의 노하우'를 찬찬히 정리한 것이다. 포장보다는 내용이 중요하더라도 이왕이면 포장도 그럴듯해야 성공 확률이 더 높아진다는 사실, 또한 포장이 화려하다고 꼭 내용의 빈약함을 증명하는 건 아니라는 사실 들을 뒤늦게 깨닫고 그래서 인생이 조금은 고달팠던 나의 진심 어린 이야기를 전하고자 한다.

좋은 의도와 생각에도 불구하고 전달의 실패를 맛보았던 분들께 힘을 드리고 싶다. 사랑했으나 이루지 못했던 분들 그리고 진실했으나 뜻대로 되지 않았던 분들이 이 책을 통해 빠르게, 명확하게, 전달할 수 있는 힘을 얻길 바란다.

차례

PART 3
빠르게. 명확하게.
귀에 쏙 꽂히는 메시지 만들기

PART 4
능력자로 거듭나는
필살의 전달법

PART ①

말, 잘하는 법보다 '전하는 법'부터 익혀라

설득은
애당초 불가능하다

　나는 '타칭' 설득의 달인이다. 하지만 나는 이 호칭을 받아들일 수 없다. 타인을 설득하기란 애당초 불가능하다 믿기 때문이다. 설득은 불가하다. 이것이야말로 설득에 관한 나의 대전제다. "광고주를 어떻게 설득해야 할까요?"라고 묻는 후배(또는 누군가를 설득하고자 고심하는 자)들에게 나는 한 영화 제목을 빌려 이렇게 말하고 싶다.

　"설득 같은 소리 하고 있네!"

　우리가 '설득'이라고 믿는 지점은 대부분 타인의 '굴복'에 가깝다. 설득을 해낸, 다른 말로 자신의 주장을 관철시킨 사람이야 설득에 성공했다 착각하겠지만, 설득을 당한, 다른 말로 상대의 의견을 수용한 사람의 입장에서는 권위, 지위 혹은 논리에 굴복하고

만 것이다. 돌아서는 마음 한편에 일말의 후회 또는 억울함이 밀려들기도 한다. 아, 이렇게 반박할 걸, 그 말을 못했네 곱씹으며 말이다. 또는 남몰래 심중에 칼을 갈기도 한다.

'지금은 비록 물러서지만, 두고 보자. 훗날 내 성공해서 그 코를 납작하게 눌러줄 테니.'

설득이 아니라 '전달'이 초점이다

아니, 그럼 어쩌란 말인가? '설득'을 포기하란 말인가? 물론 그럴 수야 없다. 다만 포커스를 달리해야 한다는 뜻이다. 대화, 타협, 협상, 설득, 그 이름이 무엇이건 우리가 정말 초점을 맞춰야 하는 부분은 '전달'이다. 내가 원하는 것을 얻는 키는 '전달력'에 있다. 어떻게 설득할 것인지가 아닌 어떻게 전달할 것인지에 집중해야 한다. 전달의 달인이 될 수 있다면, 여러 가지 이름의 '달인' 월계관이 줄줄이 딸려올 것이다.

제 아무리 대단한 말발이라도 내 머릿속 관념을 타인에게 그대로 전달하는 것은 불가능하다. 인간이 블루투스 기계라면 머리와 머리를 맞대든 손가락과 손가락을 맞대든 해서 나의 관념을 타인에게 전송할 수 있겠지만 어디 그럴 수 있는가. 나의 관념이 언어를 통해 입 밖으로 나가는 순간 이미 왜곡이 일어나는데 어찌 타인에게 완벽하게 가닿겠는가 말이다. 내가 생각하는 사랑과 상대가 사랑이라 여기는 것의 의미가 다르고 나의 희생과 상대의 관념 속 희생은 일치율이 매우 낮다. 반복되지만 그저 좁은 공통분모 속에서 우리는 설득을 했다고 혹은 설득을 당했다고 착각할 뿐이다. 흔히 '설득'이라 부르는 것은 그 교집합의 범위를 조금이라도 넓히는 일이다.

외부 미팅 가는 길에 택시를 타니 창문에 이런 안내문이 붙어 있었다.

'생각이 다를 수 있습니다. 원하는 길을 말씀해주세요.'

지당하다. 택시 기사가 아는 빨리 가는 길과 내가 가고자 하는 길이 완전히 다를 수 있다. 드물게 양자의 생각이 일치한다면 그저 감사할 일이다. 설득, 아니 전달의 노력을 덜 할 수 있으니.

잠깐 어린 시절을 돌이켜보자. 이 땅에서 자란 '보통 사람'이었다면 귀에 딱지가 앉도록 들었을 말이 있다.

"왜 이렇게 말을 안 들어?"

"진짜 말귀를 못 알아먹는구나."

"도대체 똑같은 소리를 몇 번이나 해야 하는 거니?"

조금 과장하면 눈 뜨는 순간부터 꿈나라로 도망치기까지 부모님의 잔소리는 도돌이표를 단 양 무한 반복됐다. 정말이지 지겨웠다. 그런데 웬일인가. 부모가 된 후에도 이 잔소리는 끈질기게 따라다

닌다. 그것도 나의 입을 통해서 말이다. 그토록 듣기 지겨웠던 대사를 이제 나의 아이를 향해 반복하게 된 것이다. 특히 아이를 앉혀놓고 공부를 가르칠 때면 문제의 대사가 어김없이 튀어나온다.

"이제 이해하겠니?"

"네~."

"그럼 이 문제 풀어볼까?"

"…."

열과 성을 다해 개념을 이해시키고 확인까지 했건만, 고작 단어 몇 개만 바뀐 다른 문제를 풀어보라 하면 아이는 또다시 '아몰랑~'의 표정으로 고개를 갸웃거린다. 방금 전에 설명할 땐 분명! 분명히 알겠다고 했는데 말이다. 그럼 아이가 거짓말을 한 걸까? 아니다. 방금 전에는 분명히 이해했다고 생각했을 것이다. 다만 '완전히' 이해하지 못했을 뿐이다.

회사에서도 마찬가지다. 신입사원 시절 정말 듣기 싫었던 '선배의 대사'를 나 역시 후배에게 숱하게 날리게 된다.

"한국말 못 알아듣니?"

신입은 인간이 아니라는 말은 아마 '인간(선배)'의 언어를 못 알아듣기에 나온 말이 아닌가 싶다. 신입사원은 언제쯤 '인간'이 되어 내 말을 척척 알아듣게 될까. 햇병아리 시절 나의 선배도 나한테 이런 '갑갑함'을 느꼈겠지. 이 무한 반복의 쳇바퀴는 역설적으로 '전달'의 지난함을 보여준다. 제대로 뜻을 전달하기란 이토록 어려운 것이다.

내 주장을 펴는 것, 내 생각을 제대로 전달하는 것, 상대가 내 의견을 받아들이도록 하는 것은 본질적으로 어려운 만큼 대단히 주의 깊게 이루어져야 한다. 아이 또는 신입사원에게서 숱하게 확인되듯이 이 정도면 나의 의사가 상대에게 제대로 전달됐을 것이라 생각하는 건 어디까지나 착각일 뿐이다.

내 뜻의 전달도를 높이려면 반복이 필요하다. 인생은 본디 불가능을 앞에 두고 시시포스처럼 계속 바위를 굴리는 과정이 아니던가. 반복의 횟수를 줄이고 싶다면 좀 더 효율적인 방법을 찾아야 할 것이다. 이를 위해선 무엇보다 대전제를 잘 깔아야 한다. 타인을 설득하기란 애당초 불가능한 일이다. 이 마음가짐이야말로 전달력 레벨을 높이는 첫 발걸음이다.

사랑을 주고받는 주체와 객체 사이에는 아무리 다가서도 얇은 빈틈이 생깁니다. 전위적 화가 마르셀 뒤샹은 그것을 앵프라맹스(inframince)라고 불렀습니다. 눈으로는 식별할 수 없는 초박형의 상태를 뜻하는 형용사입니다. 인간으로서는 깰 수도 찢을 수도 넘어설 수도 없는 아주 얇디얇은 막입니다. 내가 어머니를 이렇게 그리워하는데 어머니가 날 이렇게 사랑하는데 인간과 인간 사이에는 어쩔 수 없이 앵프라맹스의 단층이 있습니다. 목숨을 건 남녀 사이에도 그것이 있습니다. 아닙니다. 조금 전 자기와 지금의 자기 사이에도 있지요. 인간으로 태어난 존재는 누구나 그리고 매 순간 혼자일 수밖에 없기 때문입니다.

—이어령, 《지성에서 영성으로》 중에서

어머니와 나 사이에도 하물며 목숨을 걸고 사랑하는 남녀 사이에도 앵프라맹스가 있다는데 내 말을 듣는 타자와 나 사이에는 얼마나 많은 간극이 있을 것인가. 누군가를 완벽히 설득할 수 있다는 말도 안 되는 헛꿈을 일단 버려야 한다.

뒤통수를 조심하라

이 깨달음을 얻기까지 나도 무수한 상흔을 얻었다. 개인적으로 설득을 확신했다가 낭패를 겪은 일화는 많고도 많다.

AE(Account Executive, 광고기획자) 초년병 시절이었다. 한 광고안이 a라인, b라인으로 갈렸다. 나야 초년병이니 a라인도 좋고 b라인도 좋았으나 팀장과 제작팀의 의견은 사뭇 달랐다. 내 사수였던 기획 팀장은 a라인을 강력히 밀었고 제작팀은 a라인보다는 b라인이 효과적일 것이라고 주장했다. 광고주 미팅에 나서기 직전까지 회의실은 아수라장이었다. 회의 초기 이성적, 논리적으로 서로의 의견에 화살을 쏘던 사람들은 회의가 길어지면서 상대의 가슴에 정통으로 칼을 꽂아댔다. 광고주를 설득하려면 내부적인 논리 무장도 필요하니 긍정적인 면도 있었다. 하지만 출발 시간이 얼마 남지 않았는데 막판까지 고성을 지르며 서로의 의견이 옳다고 우겨대니 막내인 나는 미칠 지경이었다. 광고주도 분명 물을 것이다.

"그럼, 대행사 의견은 어떤가요? a라인과 b라인 중 어느 쪽이 더 낫다고 보십니까?"

간혹 a라인을 살리기 위해 의도적으로 'a'로 만장일치 하는 경우도 있지만 이번엔 어째 영 다른 방향으로 안이 풀린 모양이었다. 사수는 목에 핏대를 세우며 a안을 고수했고, 목소리가 잦아든 제작팀 CD(Creative Director, 광고제작최종관리자)는 사수의 견해를 수긍하는 듯 보였다. 우리는 서둘러 자리를 정리하고 간신히 시간에 맞춰 광고주 사무실에 도착했다. 사수가 기획 방향에 대해서 PT를 하고 CD가 광고안을 설명했다. 분위기는 화기애애했다. 대망의 예상 질문이 던져졌다.

"a라인과 b라인은 방향이 매우 다른데요, 대행사의 의견이 궁금하군요. 어느 쪽이 좋을까요?"

사수는 마음 놓고 a라인을 밀었고 유려한 말솜씨로 논리적인 근거를 펼쳤다.

"CD님은 어떠세요?"

고개를 끄덕이던 광고주가 CD에게 물었다. 우리는 느긋하게 CD

의 얼굴을 바라봤다. 그때 CD의 입에서 나온 말은 실로 청천벽력과 같았다.

"b라인이죠. 왜냐하면⋯."

나는 이어지는 설명을 하나도 듣지 못했다. 붉으락푸르락거리며 점점 사색이 되어가는 사수의 표정을 살피느라 정신이 없었기 때문이다. 난감한 상황을 어찌어찌 마무리하고 우리는 사무실로 돌아왔다. 사무실 문이 닫히기가 무섭게 격렬한 2차 대전이 시작됐다. 바짝 쫀 나는 제작팀 막내에게 넌지시 물었다.

"아까 우리 팀장님 의견에 동의한 거 아니었어?"

역시 어깨가 잔뜩 움츠러든 제작팀 막내도 눈치를 살피며 말했다.

"아냐, 너희 팀장이 하도 윽박지르니까 직접 가서 해결보자 하신 거야. 수긍한 게 아니었다구."

그렇다. CD는 수긍하는 듯 보였을 뿐이었다. 그 뒷이야기는 생각하기도 싫다.

진심? 안 통한다

아이에게 '그놈의 잔소리'가 시작됐다. 어느 정도 시간이 지났다 생각되면 아이는 지겹다는 듯 대답한다.

"알았어, 알았다고!"

알았다고? 진짜 알았다면 아이는 열공 모드로 돌입할 테지만 어림없는 소리다. 아이들에게 "알았다고!"는 "잔소리 좀 그만해!"의 다른 말이다. 부모의 "뭐라구?"가 "그 따위 소리 당장 집어쳐!"인 것처럼.

따뜻한 눈으로 상대의 눈을 바라보며 진실 내지는 진심을 말하면 통할 것이라는 순진무구한 믿음을 가진 사람이라면 여기서 책을 덮기를 권한다. 전달력은 사실 '진심'과 꼭 비례하지는 않는다. 진심이 먹히는 건 초등학생한테나 가능하다. 아니, 초등 고학년만 돼도 턱도 없을지도 모른다. '진심은 통한다'는 신념가들은 내게 화를 내거나 욕을 퍼부을지도 모르겠다. 하지만 논쟁에서 이기기 위해 위대한 철학자 쇼펜하우어가 권하는 38가지 방법을 살펴보라. 옳고 그름은 아예 안중에도 없다. 그저 논쟁에서 우위에 서기 위한 비열한 방법들이 열거되어 있을 뿐. 몇 가지만 예로 들어보자.

요령 1 확대해석하라
요령 5 거짓된 전제들을 사용하라
요령 8 상대를 화나게 만들어라
요령 9 상대에게 중구난방식의 질문을 던져라
요령 14 뻔뻔스러운 태도를 취하라

요령 23 말싸움을 걸어 상대로 하여금 무리한 말을 하게 하라

요령 29 상대방에게 질 것 같으면 화제를 다른 곳으로 돌려라

요령 26 의미 없는 말들을 폭포수처럼 쏟아내라

요령 38 상대가 너무나 우월하면 인신공격을 감행하라

어떤가. 아무리 목적이 승리에 있다지만 지나치게 비열하고 치사한 방법 아닌가? 하지만 실전에선 더없이 유용한 지침일 수 있다. 왜? 인간은 그다지 이성적이지 않고 논리적이지도 못하며 허영심으로 가득 차 있고 이기기 위해서라면 오만 일을 다 할 수 있기 때문이다.

그렇다고 '전달력'을 논하면서 쇼펜하우어식 요령을 권하겠다는 뜻은 아니다. 어디까지나 사람과 사람 사이의 소통이 아름답고, 따뜻하며, 순진무구한 것만은 아니라는 사실을 강조하고 싶을 뿐이다. 그럼 이제부터 본격적으로 '전달'을 잘하기 위한 나만의 '비(非)정석'을 풀어놓을까 한다. 정석이 아니라는 게 함정일 수 있지만 그럼에도 불구하고 당신의 소통에 제법 쓸 만한 지침이 되어주리라 믿는다.

공격할 타이밍에
칭찬을 던져라

아이 학교 운동회를 앞두고 이른바 '반 모임'이 긴급 소집됐다. 안건은 운동회날 아이들 간식 메뉴. 반장 엄마를 필두로 엄마들이 대거 카페에 모여 앉았다. 한 엄마가 '치킨'을 제안하니 대번 "건강에 좋지 않다"는 반박이 나왔다. 다른 누군가가 '떡'을 의견으로 내자 이번에는 "아이들에게 인기가 없을 것"이라는 타박과 맞장구가 뒤따랐다. 설왕설래 가운데 건강 간식 '과일'이 대안으로 제시됐다. 그러자 "뛰느라 배고픈 아이들에게 적당하지 않다"는 반대 의견이 비등했다. 아이들이 매일 먹는 학교 급식도 아니고 '고작' 운동회 날 한 번 먹을 간식 메뉴를 가지고 무려 한 시간 가까이 난상 토론이 이어졌다.

돌부처 돌려 세우기

정의를 구현하거나 불의와 맞서 신념을 지키는 일이라면 보람이라도 있겠건만, 지극히 사소하고 미미한 문제로 그렇게 많은 사람이 그토록 오랜 시간 진을 빼다니 정말 비생산적인 일이 아닐 수 없었다.

다르게 보면 지극히 사소하고 미미한 문제에서조차 타인의 생각을 바꾸기가 쉽지 않다는 뜻이다. '학교 엄마 모임'은 대표적인 수평 관계다. 다시 말해 '갑을상하'가 없다. 책임질 사람도 없고 교통정리를 할 사람도 없으니 너도나도 감 놔라 배 놔라 제 뜻만 내세운다.

사실 직장이나 군대 같은 조직에서는 자신의 뜻을 관철시키기가 오히려 수월하다. 상하관계가 명확하기 때문이다. 내가 상사 또는 갑이라면 권위를 앞세워 자기 생각을 밀어붙이면 그만이다. 이른바 '까라면 까!'가 얼마든지 통한다. 우리가 이 책에서 고찰해야 하는 바는 '수평적 입장'에서 상대의 마음을 얻는 방법이다. 돌아앉은 돌부처보다도 요지부동인 타인을 어떻게 돌려세울 수 있을까?

'햇빛 포인트'를 찾아라

서점에 가면 설득이나 화술을 주제로 한 서적이 즐비하다. 책마다 설득의 기술이 무수히 제시돼 있다. 특징이 아닌 장점을 말해라, 1:1로 공략하라, 결과가 아닌 과정을 칭찬하라···. 아무렴 좋은 말이다. 하지만 아무리 다채롭고 화려한 기술을 총동원해도 타인의 생각, 나아가 행동을 변화시키는 데는 한계가 있다.

여기서 이 책의 대전제를 다시 한 번 짚고 가자. 타인을 완벽히 설득하기는 불가능하다. 남의 생각을 바꾼다는 중차대한 도전에는 완벽한 논리나 잔기술이 아니라 소위 '패러다임'의 전환이 필요하다.

대학 시절 있었던 일이다. 도서관에 가면 수많은 '진상'들을 만나곤 했다. 자리만 맡아 놓고 절대 나타나지 않는 사람부터 자리에 앉아 종일 뭔가를 (그것도 우적대며) 먹어대는 사람, 일정 간격으로 콧물을 후루룩 훌쩍거리며 신경을 거슬리게 하는 사람까지 종류도 다양했다. 그중 압권은 시험 기간이었던 어느 날 내 대각선 앞자리에 앉았던 남학생이었다. 콧물을 연신 흡흡 훌쩍대는 것도 모자라 콧구멍을 연신 검지로 후비던 그는 손가락 끝에 딸려 나온 '왕건이'를 여기저기 문지르다가 돌돌 비벼 튕겨대고 있었다. 나 역시 사정거리, 사정권 안에 있었다. 정말이지 머리털이 쭈뼛 설 만큼 비위가

상했다. 코딱지 폭탄이 행여 내 책이나 내 몸에 떨어지지 않을까 신경이 곤두서 거의 미칠 지경까지 치달았다.

그렇다고 생면부지인 그 남학생에게 "너무 거슬려서 그러니 콧물 좀 그만 훌쩍거리세요"라거나 "더러워 죽겠으니 코 좀 그만 파시죠"라고 말할 수도 없는 노릇이었다. 요즘 같은 험한 세상, 이상한 인간이 많은 사회에서 이런 문제를 대놓고 어필했다간 해코지를 당할 수도 있잖은가. 참자니 미치겠고, 따지자니 뒷감당은 자신 없는 진퇴양난의 상황에서 대부분의 사람들은 전전긍긍하다 결국 자기가 자리를 피하고 만다.

나 역시 다른 자리로 옮기고 싶은 마음이 굴뚝같았지만 때가 때인지라 도서관 안의 다른 빈자리라고는 단 한 석도 없었다. 나는 금방이라도 뒤집힐 것 같은 속을 억누르다 못해 일단 휴게실로 대피하기로 했다. 마침 같은 과 친구가 휴게소 테이블에 앉아 커피를 마시고 있었다. 나는 그녀를 붙잡고 작금의 괴로운 상황을 하소연하기 시작했다. 물론 나에겐 비극이지만 타인에겐 희극이었다. 배꼽을 쥐다 못해 급기야 눈물까지 흘리던 친구는 손가락을 딱소리가 나게 튕기며 좋은 수가 있다고 했다. 그리곤 가방에서 포스트잇을 꺼내 뭔가를 적기 시작했다. 옳거니, 익명의 경고장이렷다. 최대한 강력하게, 노골적으로 나의 분노 게이지를 고스란히 담아다오.

나를 앞세워 열람실로 돌아온 친구는 여전히 코를 파서 여기 저기 문대고 있던 남학생이 자리를 비운 틈에 재빨리 그의 노트에 메모지를 붙였다. 얼마나 지났을까. 문제의 남학생이 돌아왔다. 책에 붙어 있는 포스트잇을 주시하던 그의 얼굴이 발갛게 물들었다. 흥, 아무렴, 저도 부끄럽겠지. 그런데 의외였다. 남자의 얼굴엔 수치심이나 불쾌감 대신 싱글벙글에 가까운 미소가 피어올랐다. 그러고는 옷매무새를 매끈히 가다듬더니 전에 없이 곧은 자세로 자리에 앉아 하버드의 공부벌레도 울고 갈 학구열을 활활 불태우기 시작했다. 놀란 나는 친구를 불러내 도대체 쪽지에 뭐라고 적었는지 물었다. 친구의 대답은 나의 예상을 완전히 빗나간 것이었다.

"관심 있어 지켜보고 있습니다. 열심히 공부하는 모습이 멋지네요."

실로 허를 찔린 기분이었다. 역대 최강 지저분남의 행동을 수정하고 공부에의 열정마저 불러일으킨 마법의 대사는 '당신은 정말 더러운 짓을 하고 있다. 주변 사람에게 불쾌감을 주고 있으니 당장 그만두라'는 팩트 기반 공격이 아니었다. 다정하고 따뜻한 격려성 칭찬이었다. 이날의 일은 나에게 어떤 말이 사람을 효과적으로 변화시키는지를 명쾌히 깨닫게 한 사건이었다.

많은 사람이 상대의 오류와 약점을 지적하고 나무라면서 승기를 쥐고자 한다. 하지만 상처를 입은 사람은 무릎을 꿇는 대신 오히려

가시를 바짝 세우는 게 인지상정이다. 그 유명한 이솝우화 '해님과 바람'의 교훈대로 나그네의 옷을 벗기는 힘은 거센 바람이 아닌 따사로운 햇빛인 것이다. 상대를 변화시키고 싶다면 상대를 찌르는 대신 마음을 감화, 감동시킬 '햇빛 포인트'를 찾아내야 한다.

물론 이 놀라운 지혜를 실제로 활용하기란 쉽지 않다. 나 역시 다혈질이라 마음과 달리 실전에 들어가면 소리부터 지르기 일쑤였고 뒤돌아 금방 후회할 걸 뻔히 알면서도 화를 참지 못할 때가 비일비재하다. 하지만 늦게 각성하더라도 변화는 시작될 수 있다.

햇빛 포인트 1 자긍심 자극하기

학자들은 이미 인간의 이런 속성을 간파하고 실험으로 증명한 바 있다. 시카고의 공립 초등학교 학생들이 교실 바닥이나 복도에 쓰레기를 버리지 않도록 할 방법을 모색하던 리처드 밀러 연구팀의 실험이 대표적이다. 밀러는 5학년의 세 개 학급을 골라 다음과 같은 실험을 해봤다.

먼저 첫 번째 학급의 학생들에게 "학교에서 너희 교실이 가장 깨끗하구나. 너희처럼 교실을 깨끗하게 사용하는 아이들이 있다니 정말 자랑스럽다. 워낙 깨끗해서 교실을 청소하기도 쉽구나"라는 메시지를 8일 동안 꾸준히 전달했다. '너희는 좋은 아이들'이라고 각

인함으로써 자긍심을 느끼도록 했던 것이다(자긍심 조건).

반면 두 번째 학급 학생들에게는 "정리정돈을 잘해야 한다. 청소하는 친구를 도와야 한다. 사탕 껍질은 반드시 바닥이 아닌 쓰레기통에 버려야 한다"라며 의무를 강조하는 메시지를 역시 8일 동안 주입했다(의무 조건).

대조군으로 선정된 세 번째 학급에는 아무런 메시지도 전달하지 않았다.

실험 개시 후 열흘째 되는 날, 밀러는 제과회사의 홍보사원으로 가장한 연구자로 하여금 학생들에게 껍질에 싸인 사탕을 나눠주게 한 후 학생들의 행동과 쓰레기통에 버려진 사탕 껍질 수를 비교했다. 그 결과 자긍심 조건의 학생이 의무 조건의 학생보다 교실 바닥이나 책상 밑에 사탕 껍질을 훨씬 적게 버린 것으로 확인됐다. 또한 실험 진행자가 바닥에 몰래 버린 사탕 껍질을 줍는 학생 수도 훨씬 많았다. 의무를 강조하기보다 자긍심을 자극하는 방법이 긍정적인 변화를 유도하는 데 한결 효과적이었던 것이다.

다시 2주일이 지난 후 밀러는 포장지에 싸인 퍼즐을 학생들에게 나눠주고 마음껏 가지고 놀게 한 후 역시 쓰레기통에 버려진 포장지 수를 세어봤다. 그랬더니 '자긍심 조건'의 학생들은 2주라는 시간이 흐른 뒤에도 여전히 쓰레기를 올바르게 처리하는 모습을 보였다. '나는 쓰레기를 버리지 않는 사람'이라는 메시지가 여전히 유효했던 것이다. 반면 '의무 조건'의 학생들은 바닥에 마구 쓰레기를 버리던 첫 실험 이전의 상태로 돌아간 것으로 나타났다. 세 번째 학급 학생들은 실험 전과 후에 아무런 변화를 보이지 않았다.

햇빛 포인트 2 허영심 공략하기

인간의 마음에는 자긍심과 한 끗 차이로 허영심이 자리 잡고 있다. 허영심 또한 내가 원하는 것을 수월하게 얻을 수 있는 아주 효과적인 우회 공략 포인트다. 잘 알려진 또 다른 이솝우화 '여우와 까마귀'의 주인공인 여우를 보자. 치즈를 물고 있던 나무 위 까마귀에게 '꿀성대' 목소리를 듣고 싶다고 간청해 까마귀 입 속의 치즈까지 얻어내지 않았던가. 어디 우화에서만 그럴까. 동서고금을 막론하고 '아첨꾼'과 '아부꾼'이 득세했던 역사적 실례를 상기해보라.

물론 비굴한 아첨과 아부를 권하는 것은 아니다. 숨겨진 허세와 허영심을 이해하고 적절히 자극하는 세련된 묘(妙)를 구사하라는 이야기다.

소설 《미식예찬》에 이런 에피소드가 나온다. 어느 요리학교에서 막대한 돈을 들여 한 요리사를 프랑스로 유학 보냈다. 요리 선진국 프랑스에서 전문 지식과 기술을 익히도록 해서 이를 회사 자산으로 축적할 목적이었다. 그런데 유학을 끝내고 돌아온 요리사는 잘

난 척 폼만 잡으며 선진 요리 비법을 제대로 풀어놓지 않았다. 알맹이는 쏙 빼고 껍데기만 내놓는 것이었다. 당연히 맛에도 뭔가 빠진 느낌이었다. 회사 관계자들은 골머리를 싸맸다. 엄청난 비용을 투자해 유학을 보낸 남자가 지적 자산을 공유하기는커녕 골칫덩이가 되어 버렸기 때문이다. 그렇다고 머릿속 지식을 억지로 빼낼 수도 없고 실로 난감한 지경이었다. 이때 누군가가 묘안을 냈다. 그는 요리사에게 "비용은 얼마든지 댈 테니 당신 이름으로 책을 내보자"고 제안했다. "어렵게 유학을 다녀와 얻은 대단한 지식을 책으로 내면 유명세를 얻고 대박을 낼 수 있을 것"이라는 속삭임에 요리사는 솔깃해졌다. 자신의 이름으로 책을 낸다는 명예욕과 출세욕에 사로잡힌 그는 유학에서 배운 모든 것을 쏟아부어 요리책을 완성했다. 회사는 원하는 것을 얻었고, 그는 곧바로 쫓겨나고 말았다.

인간은 결코 고상하지 않다. 내색하진 않더라도 칭찬에 대한 갈망과 잘난 척하고 싶은 허영심으로 똘똘 뭉친 존재다. '분다 분다 했더니 하루아침에 왕겨 석 섬을 분다'는 옛 속담도 있지 않던가. 상대가 저도 모르게 우쭐해질 지점은 어디인가. 바로 그곳에 햇빛을 비추라. 부드럽고, 은근하게.

불가능을 가능으로 바꾸는 방법

불가능하다고, 혹은 안 될 거라고 예상했던 PT에 성공하거나 보고 하나마나 퇴짜를 맞으리라 생각했던 기획안이 통과됐던 경험이 있는가? 나의 경험에 비추자면 불가능을 가능으로 바꾸는 동인은 대략 다음과 같다.

- 욕심을 버려라

정말 결과가 좋지 않으리라 생각해 욕심을 버렸을 때 웬걸, 반전의 결과를 얻은 적이 있다. 포기가 성공을 부른 역설적 결과가 나타난 경우다.

보통 PT할 때 어깨에 힘을 빼라고들 하는데 이것이 사실 어지간한 내공으로는 잘 되지 않는다. 자칫 오버하기 십상이다. 그런데 마음을 비움으로써 오히려 기대 이상으로 이야기가 자연스럽게 술술 풀리기도 한다. 마음을 비우는 것도 훈련으로 가능하다.

- 약점을 고백하라

누군가 어떤 제품의 너무 좋은 점만 강조해서 말하거나 어필할 경우, 되레 신뢰감이 떨어지는 것을 경험해본 적이 있을 것이다. 세상에 장점만 있거나 주구장창 장밋빛인 청사진이 어디 있겠는가. 사업 계획서나 기획안을 내면서 솔직하게 이런 점은 약점이 될 수 있다고 밝히면 오히려 신뢰도를 올리는 효과를 낼 수 있다.

언젠가 회사 인근 피부 관리실을 찾아 헤맸던 적이 있다. 압구정 일대를 거의 샅샅이 뒤졌는데 그때마다 관리실 원장이나 실장들은 보통 "한 달이면 심은하 피부가 된다"거나 "3개월이면 고현정의 꿀피부가 부럽지 않을 것"이라고 호언했다.

내가 선택한 관리실은 첫 방문 시 원장이 다음과 같이 설명한 곳이었다.

"아무리 관리를 받아도 심은하나 고현정이 될 수는 없습니다. 현재 문제점은 잡티가 많고 혈색이 맑지 않다는 건데 3개월 정도 꾸준히 관리 받으시면 지금보다는 조금 옅어질 수 있어요."
현실성 없는 청사진을 제시하기보다는 약점을 솔직히 인정하는 것이 훨씬 나은 전략이 될 수 있다.

– 진실을 말하라
옷을 사러 갔다고 치자. a 스타일의 옷과 b 스타일의 옷을 들고 고민하는데(a와 b는 스타일이 상반되는 옷이다) 직원이 다가온다.
"어우, 둘 다 잘 어울리시네요. 고객님은 뭘 입어도 잘 어울리세요."
믿어지나? 내가 천하의 슈퍼모델이 아닌 이상 어떻게 뭘 입어도 잘 어울릴 수가 있겠나. 그보다는 한쪽을 일관성 있게 추천하는 직원의 말이 훨씬 신뢰가 간다.
"고객님 체형에는 a 스타일이 훨씬 돋보이겠네요."
허영심을 자극하는 것은 효과적이지만 영혼 없는 비위맞춤은 영업에 전혀 도움이 되지 않는다. 차라리 a는 이런 면에서 장점이 있고 b는 이런 면에서 낫다고 전략을 제시하는 편이 고객의 신뢰를 얻을 수 있다.

혼자 있는 시간에
화젯거리를 쌓아라

TBWA KOREA에 다니는 동안 세 분의 대표를 모셨다. 직원에게 사장이란 아무래도 '가까이 하기엔 너무 먼 당신' 쪽에 가까울 것이다. 광고회사 조직은 비교적 자유로운 분위기임에도 불구하고 사장과 마주치기만 하면 마치 저승사자라도 본 듯 얼굴이 경직되고 땀까지 삐질삐질 흘리는 직원이 적지 않았다. 특히 엘리베이터는 최고 경계 구역으로 꼽혔다. 대표와 단둘이 있게 될 경우 좀 과장하자면 '궁극의 뻘쭘함'에 휩싸일 수 있는 공간이기 때문이다. 침묵으로 일관하자니 사회성이 빠져 보이고, 어설프게 말을 건네자니 자칫 센스가 부족한 직원으로 찍힐 염려가 있다. 특히 저연차 후배 가운데 '엘리베이터성 긴장 증후군'을 호소하는 경우가 많았다.

"대표님하고 엘리베이터에 타면 도대체 무슨 말을 해야 하나요? 단 몇 층 올라가는 시간이 그렇게 길 수가 없어요."

세상은 넓고 할 말은 많다

솔직히 처음엔 그들의 고충을 이해하기 어려웠다. 나 같은 경우 사장님 아닌 그 어느 누구와 엘리베이터에서 마주치더라도 어색함을 느낀 적이 거의 없었기 때문이다. 정확히 말하자면 누구를 언제 어디서 만난다 해도 '할 말이 없는' 경우는 없었다. 세상은 넓고 할 말은 많고 많으니 말이다. 정 화제가 없으면 "대표님, 제가 돈 많이 벌면 대표님을 위해 전용 엘리베이터 한 대 마련해 드리고 싶네요"라고 싱긋 웃어 보이면 되지 않는가. 나의 불편함을 대표님의 편의성으로 바꾸어 말이다. 하지만 의외로 많은 후배들이 사소한 한마디를 못하고 힘들어한다는 사실을 알게 되면서 나는 나름의 노하우를 정리해 들려주게 됐다.

자. '무슨 말을 해야 하나'라는 고민은 달리 말해 '어떻게 하면 상대가 내 말에 관심 또는 흥미를 가져줄까'로 바꿀 수 있다. 따라서 상대가 무슨 말을 듣고 싶어 하는지를 파악하는 것이 고민을 타파할 출발점이다.

그간 수많은 사람을 만나고 대화를 나누며 축적한 자체 빅데이터에 기반해 '누구나 귀를 기울이는 화제 삼원칙'을 귀띔할까 한다.

제1원칙 재미를 줘라

광고회사 매체팀에 근무하다 보면 업무상 하루에 만나는 사람이 대여섯 명에 이른다. 한 달로 잡으면 월 백 명에 달한다. 개중엔 아는 사람을 다시 만나는 경우도 있고, 모르던 사람을 새로 만나는 경우도 있다. 아무리 사회성이 뛰어나고 사람을 좋아한다고 해도 많은 사람을 만나는 것은 피곤한 일이다. 편하지 않은 상대를 연달아 만난 날에는 신경의 말단이 죄다 닳아 너덜너덜해지는 기분이 들기도 한다. 하지만 혀가 아프도록 말을 하고 나서도 마냥 즐거운 경우도 있다. 바로 재미있는 사람을 만났을 때다.

재미있는 화제를 화수분처럼 꺼내놓으며 큰 웃음 작은 웃음을 끊이지 않고 선사하는 사람, 별스럽지 않은 이야깃거리도 상대를 들었다 놨다 당겼다 놨다 맛깔나게 버무려내는 사람, 칙칙한 분위기를 화사하고 명랑하게 바꿔놓는 사람은 언제든 다시 만나고 싶다. 끝없이 이야기를 나눠도 지루하기는커녕 새록새록하고, 인사를 고하고 뒤돌아서면 절로 미소가 지어진다. 만날 때 재미있고 만나고 나면 기분이 좋아지는 사람은 언제나 누구에게나 환영받는다. 물론 유머감각이나 상대를 쥐락펴락하는 맛깔스러운 화술은 어느 정도 타고나야 하니 이쪽에 자신이 없다면 제2원칙에 집중해보자.

제2원칙 정보를 줘라

　재미있는 사람보다 더 환영받는 사람이 바로 정보를 주는 사람이다. 나의 관심사에 딱 맞는 유용한 정보를 귀띔해주거나 따끈따끈한 업계 최신 소식을 알려주거나, 다방면에 걸쳐 미래 전망에 대해 영양가 있는 이야기를 나눌 수 있는 사람이라면 금쪽같은 시간을 할애하는 것이 전혀 아깝지 않다. 아니, 없는 시간도 쪼개 만나고 싶어진다. 자신을 돌아봤을 때 '재미' 혹은 '이야기꾼'과 거리가 있다면 '정보제공자'로서의 포지셔닝을 들이파는 것이 효율적일 것이다. 상대가 나의 존재 자체를 그대로 받아주는 친구가 아니라면, 상대가 솔깃해할 만한 정보를 준비해두는 게 포인트다.

　'정보'라 하니 거창해 보이지만 큰 부담을 느낄 필요는 없다. 누구나 대박주 투자 정보나 사두면 무조건 몇 배 수익이 보장되는 부동산 정보를 소개할 수 있는 건 아니다(그런 정보가 있다면 아무에게도 누설하지 말고 혼자 조용히 투자하라). 생활밀착형부터 업무형까지 크고 작은 정보를 모으고, 적절히 풀어놓으시라.

제3원칙 첫 단추를 잘 꿰라

본격적인 대화 이전에 가볍게 나누는 워밍업 대화를 '스몰 토크 (small talk)'라 부른다. 단, 정치나 종교 같은 무거운 주제는 제외다. 월급이나 결혼생활 같은 지나치게 사적인 주제도 배제하고 누구나 동참할 수 있으면서 공감할 수 있는 가벼운 소재가 필요하다. 보통 스몰 토크를 위한 이야깃거리로 가장 많이 추천되고 실제로도 가장 많이 활용되는 소재가 날씨다.

"오늘 날씨 정말 좋죠?"

"날이 갑자기 추워졌어요."

"오는데 단풍 색깔이 부쩍 진해졌더라구요."

그런데 나처럼 많은 사람을 만나는 경우 하루에도 몇 번씩 똑같은 날씨 이야기를 듣게 된다. 당연하지만 식상하다. 어떤 날은 그날 만난 사람들이 죄다 날씨를 화제에 올리기도 한다. 너도나도 온종일 주고받는 날씨 인사로는 강한 인상을 남기기 어렵다.

이런 연유로 나는 어지간해선 날씨를 화제로 삼지 않는다. 이미 다른 사람들이 많이들 했을 테니 말이다. 뻔하고 진부한 느낌을 주고 싶진 않기 때문이다.

대신 나는 여러 가지 가벼운 주제로 상대방의 관심사를 찔러 본다. 스몰 토크를 잘만 활용하면 상대의 관심사와 흥미도를 효과적으로 간파할 수 있다. 화제의 영화나 드라마. 책이나 만화. 새롭게 부상하는 식당이나 카페. 머스트 해브 화장품 또는 패션 아이템. 강남의 뜨는 학원(아이가 있는 경우에 정말 잘 먹힌다), 효과 만점 다이어트, 건강, 운동 등 상대의 연령과 직종, 라이프스타일에 맞춰 흥미를 유발할 만한 소재로 대화를 시작하라. 상대가 일단 내 쪽으로 몸을 기울였다면 첫 단추를 성공적으로 꿴 것이다. 뒤로 기대 앉아 팔짱을 끼고 있는 사람보다는 내 쪽으로 몸을 향하고 귀를 쫑긋 세운 사람을 구워삶기가 훨씬 쉬운 법이다.

먼저 인생을 풍요롭게 하라

이 모든 원칙에 우선하는 대원칙은 먼저 재미있고, 정보가 많고, 화제가 풍부한 사람이 되는 것이다. 이를 위해서는 언제나 주변에 귀를 쫑긋 세우고 다양한 경험과 체험을 차곡차곡 쌓아두어야 한다.

혼자 있는 시간 또는 사적인 시간은 당신의 재미와 정보와 화제를 충전할 절호의 기회다. 뉴스를 보든, 베스트셀러 서적을 읽든, 인기 드라마에 활용된 만화책을 찾아보든, 영화나 드라마를 챙겨보든, 소문난 맛집을 돌든, 특이한 곳을 여행하든, 하다못해 부부싸움을 하든 아니면 미래 전망이든 재밌는 상상이든 여하튼 무엇이라도 해두어야 그걸 소재 삼아 이야기를 할 수 있다. 혼자 있는 시간에 아무것도 하지 않고 시간을 흘려보내다 보면 대화 소재는 점점 궁해질 수밖에 없다. 대화 소재는 물론 매력까지 빈곤해진다.

타고난 매력이 철철 넘쳐 가만히 웃고만 있어도 주변에 사람이 넘치는 타입이 아니라면(그런 타입이라면 이미 연예계나 정가에 진출해 톱스타가 되어 있을 것이다) 스스로를 끊임없이 갈고닦아야 한다. 스스로 많은 이야깃거리와 소재를 확보하고 있어야 상대의 관심사를 찾기가 쉬워진다. 당연하지만 탐스러운 미끼가 많을수록 물고기가 걸릴 확률도 높은 것이다.

'회사-집' 혹은 '회사-집-술집' 사이클만 전전하는 사람은 반드시 화제고갈, 지식고갈, 매력고갈에 직면하게 된다(집에서 혼자 뭔가를 배우거나 쌓는 사람은 제외다).

젊어서야 혈기와 재치로 매력을 채울 수 있지만 나이가 들수록 혼자 있는 시간에 무엇이든 갈고닦지 않으면 금방 바닥이 드러난다.

친구와 나누는 대화를 생각해보자. 회사에서 만난 사람, 직장 상사 뒷담화, 조직에 대한 불만, 옆자리의 왕재수녀, 지하철에서 생긴 일, 엄마와의 마찰, 현재 추진 중인 일…. 보았거나 들었거나 겪었거나 한 일들이 소재가 된다. 하지만 평소 아무것도 하지 않는 사람은 결국 할 말이 없는 상황에 봉착하게 된다. 아무리 멋진 사냥감이 나타난들 장전된 총알이 없다면 무슨 소용이 있겠나. 대화의 첫 물꼬를 제대로 트지 못한다면 본격적인 설득으로는 진입조차 할 수 없다.

타고난 매력도 없으면서 별다른 취미도 없고 각고의 노력도 하지 않은 채 "무슨 말을 해야 하냐"고 묻는 것은 실로 어리석은 질문이다. 돌이켜보라. 혼자 있는 시간 혹은 업무와 무관한 사적인 시간에 무엇을 하고 있는지 말이다.

다양한 이야깃거리는 대화를 수월하게 하고, 수월한 대화는 상대의 호감을 이끌며, 상대의 호감은 내 이야기를 효과적으로 전달할 수 있는 기본 전제다. 노상 소재 빈곤으로 절절맨다면 당장 삶의 방식을 재정비하라. 먼저 인생 자체를 풍요롭게 하는 것이 대화 밑천을 늘리고 누구를 만나도 뻘쭘함에 빠지지 않을 수 있는 유일한 길이다.

나의 문제가 아닌
'우리의 문제'로 만들어라

대학교 졸업 후 광고회사 AE로 사회에 첫발을 디뎠다. 당시만 해도 광고회사는 신세대가 선망하는 직장의 대명사였고 광고 일을 꼭 하고 싶다는 강렬한 열망에 불타는 이들이 주로 입사했다. "광고쟁이가 아니라면 차라리 백수를 택하겠다"며 오직 광고대행사를 목표로 학창 시절 꾸준히 정보를 모으고 착실히 입사를 준비한 사람도 적지 않았다. 당연히 광고대행사가 어떤 일을 하는 곳인지 대부분 빠삭하게 꿰고 있었다.

나도 예외가 아니었다. 대학 시절 광고동아리에 가입해 각종 공모전에 응모했고 철철이 광고대행사 아르바이트도 빼놓지 않았다. 업종에 대한 깊은 이해와 풍부한 실무 경험까지, 그야말로 '준비된 인재'라는 자신감으로 충천했다. 반짝이는 아이디어와 재기 발랄한 PT를 앞세워 '무서운 신입'으로 주목받겠다는 야심찬 포부(라고 쓰고 망상이라고 읽는다)를 간직한 채 보무당당히 첫 출근을 했다.

'우리'로 마음 열기

하지만 나의 꿈은 출근과 동시에 산산이 부서지고 말았다. 내가 배치된 팀은 경쟁 PT로 인해 다들 제정신이 아니었고 신입직원을 두 팔 벌려 환영해주기는커녕 관심을 갖는 시늉조차 하지 않았다. 물론 '능력을 과시할 기회' 따위는 주어지지 않았다. 회의실 잡기, 회의 자료 복사, 회사 차량 배차 받기, 수시로 걸려오는 전화 받아 돌리기가 나에게 떨어진 최초의 임무였다.

예상치 못한 업무에 당황할 새도 없었다. 팀은 분초를 다투며 바삐 움직였다. 나는 연신 울려대는 전화를 당겨 받고 메모를 하고 담당자에게 전달하러 이리저리 뛰었다. 산더미 같은 회의 자료를 복사하고 또 분류했다. 다행히도 그날 PT는 성공적으로 끝나 클라이언트와 계약이 성사됐고 신입 환영회를 아주 조금 겸한 축하파티가 열렸다.

와자지껄한 축제 분위기 속에 자기소개를 한 나는 "다들 너무 고생하셨어요"라며 자리에 앉았다. 그런데 돌아오는 팀장의 '대꾸'는 내 심장을 쿵하고 떨구기에 충분했다.

"우리가 같이한 건데 뭐. 너도 자리 지키느라 수고했다."

우리, 우리, 우리…. '우리'라는 단어는 내 머릿속에 엄청난 울림을 일으키며 깊이 각인됐다. 나를 '우리'로 생각해주는구나, 나도 이 팀의 일원이구나! 가슴 깊은 곳에서 진한 동지애가 용솟음쳤다. 그러면서 스스로 다짐했다. 정말 열심히 일할 테다. 이 팀에서, 선배들과 함께, '우리'로서!

태도가 바뀌면 결과가 달라진다

그날의 영향으로 나는 광고주와 뭔가 문제가 생겼거나 협력업체로부터 도움을 얻어야 할 때 '우리'라는 말을 즐겨 쓰게 됐다. 단순히 '우리'라는 단어를 사용하는 차원을 넘어 마음가짐을 그렇게 가지려 애썼다. 천성적으로 입에 발린 말을 잘 못하는 성격이기 때문이다. 그리고 이는 놀랄 만한 효과를 거두곤 했다.

예를 들면 이런 식이다. 광고 집행 중에 사고가 나거나 뭔가 큰 누락이 생겼을 때 나는 이렇게 말하곤 한다.

"그럼 우리의 문제를 해결하기 위해 어떻게 해야 할까요?"

"우리 이번엔 이렇게 해보면 어떨까요?"

'우리'라는 말은 듣는 이를 단숨에 공동 운명체로 만드는 힘이 있다. 말하자면 한 배에 오르게 하는 탑승권이다. 내 팔은 내가 흔들고 네 팔은 네가 흔드는 대신 같은 배에서 죽으나 사나 운명을 함께하며 노를 저어가는 '한 팀' 의식이 생겨난다. 그러면서 묘하게 공기가 달라진다. 마구잡이로 화를 내던 광고주는 한결 화를 누그러뜨리고, 팔짱을 끼고 사안을 관망하던 협력업체 직원은 몸을 앞으로 숙여 문제에 다가선다.

정말 중요한 것은 나 자신의 마음가짐도 달라진다는 데 있다. 테이블에 놓인 문제가 해결해야 할 숙제가 아닌 진짜 나의 문제로 다가온다. 문제를 바라만 보는 입장에서 이제는 문제와 합체가 되는 기분이랄까. 발을 살짝 담그고 들어갈까 말까 망설이다가 물속으로 풍덩 입수하는 기분이랄까. 모인 사람들의 아주 미묘한 태도 차이로 공기가 변하고 그로 인해 회의 결과가 완전히 달라지는 것을 나는 수도 없이 체험했다.

쉘 위 댄스?

우리가 주장을 효과적으로 전달하려는 이유가 무엇인가. 결국 상대의 행동에 변화를 일으키거나 원하는 방향으로 결과를 바꾸고 싶어서다. 이를 위해 꼭 필요하면서도 가장 힘든 과제가 나와 동일한 열정과 온도로 상대를 고무하는 일이다. 조직에서도 마찬가지다. 100도의 온도로 지시를 했다면 사람을 거치고 거치면서 그 온도는 점점 식고 만다. 온도 하락과 더불어 '내 일'이라 여기는 책임감도 점점 희박해지고 강 건너 불구경하는 자세를 가지게 된다. 팀원들이 팀장의 지시나 명령으로 마지못해 움직인다면 좋은 성과가 나기 힘들다.

역으로 탁월한 성과를 올리려면 팀원들의 마음에 열정의 불씨를 심고, 불을 지펴야 한다. '우리 집'에 불이 붙은 양 앞다투어 강을 건너도록 해야 한다. 끌어들여야 한다. 자신의 문제로 인식하게 해야 한다. 발만 살짝 담그려는 사람을 잡아당겨 머리까지, 아니 마음 깊이까지 푹 적셔야 한다. '우리'가 바로 그 열쇠다.

오래전 공전의 히트를 기록한 일본 영화 〈쉘 위 댄스〉는 '우리'가 갖는 힘을 인상적으로 보여준다. 영화에서 "우리, 춤출까요?"라는 따뜻한 권유는 무기력과 실의에 빠져 있던 중년 남자를 일으켜 세우고, 잃었던 의욕을 되찾도록 했다.

마음을 두드리는 문고리는 거창하지 않다. 작고 사소한 말, 눈빛, 표정이 마음을 움직이고 뒤흔들어 놓는다. 우리, 한마음을 만드는 마법의 주문을 한번 활용해보라.

▶ 덧붙이는 말 : '우리'는 자녀를 고무하는 데도 큰 힘을 발휘한다. 아이 뒤통수에 대고 "공부 좀 해라!"라고 소리 지르는 대신 "우리

같이 공부할까?"라고 말해보라. 물론, 이 방법의 맹점은 아이 옆에서 실제로 나도 공부를 해야 한다는 데 있다. 말로만 때울 수 없다는 거다. 그래서 자주 써먹지는 못하겠지만, 효과만큼은 두루 검증된 바 있으니 비장의 카드로 활용하기 바란다.

신입사원들에게

지금 돌이켜보면 너무나 당연한 일이지만 선배들이 신참에게 바라는 역량은 결코 대단한 것이 아니다. 광고회사에 입사한 신입 AE라면 배차 잘 받기, 전화 잘 받기, 택시 잘 잡기, 인사 잘하기 등이 최고의 덕목으로 기대된다. 아, 운전을 잘하면 더 높은 평가를 받을 수 있다.

그런데 그로부터 20년 가까이 지난 지금도 신입사원들의 '야무진 꿈'은 달라진 게 없는 듯하다. 입사 지원자 거의 모두가 초고스펙자인 요즘은 인턴까지 기본으로 마치고 들어오는 터에 어깨 너머로 상당한 지식을 쌓고 오는 경우가 많다. 더군다나 인터넷 세상이 되면서 온갖 진부한 정보를 쉽게 얻을 수 있다.

그런데 정작 홍수 때 마실 물은 귀하다고 이런 경우 오히려 빠지기 쉬운 함정이 있다. 스스로 많이 안다고 착각하는 것이다. 이런 사람일수록 막상 회사에 입사하고 나면 주어지는 업무가 꿈꾸던 것과는 완전히 다르다는 사실에 실망하고 자존심에 큰 상처를 입기 일쑤다.

SNS엔 이런 한탄이 쏟아진다.

"내가 꿈꾸던 광고회사는 이런 곳이 아니었어."

당연하지 않은가. 그건 꿈이었을 뿐이니까. 어깨 너머에서 본, 또는 인터넷에 오르내리는 상황과 실제 전장은 천양지차다. 겪어보기 전에는 모르는 거다.

또한 시중에 나도는 업무 정보는 상당히 파편적이다. 멋지고 좋은 면만 주로 부각되곤 한다. 카카오스토리나 페이스북에 올라 있는 타인의 삶이 화려하고 행복하게만 보이는 것처럼 직업이나 업무에 관한 스토리도 대개는 근사하고 멋져 보이는 쪽으로 포장되기 마련이다.

하루 종일 자리에 앉아 전화만 당겨 받은 일, 회의 준비 하느라 줄곧 복사기만 돌린

일, 간발의 차이로 배차를 받지 못해 선배한테 깨진 일, 기획서에 오타를 내 팀장한테 박살나게 깨진 일 등 구질구질하고 찌질하고 후줄근한 일상은 자료에서 아예 빠져 있거나 나름의 의미를 부여해 미화된다.

현실은? 신입이 빛나는 아이디어와 놀랄 만한 능력으로 사장을 감동시키는 기획서를 쓴다는 것은 판타스틱한 드라마에서나 나올 일이다. 천 리 길은 한 걸음부터다. 하늘 높이 솟은 첨단 빌딩일수록 바닥 다지기 공사가 훨씬 오래 걸린다는 사실을 일찍 깨닫는다면 조직에 쉽게 정착할 수 있다.

목적에 충실할수록
말은 더 명확해진다

공중파고 케이블이고 할 것 없이 요리 프로그램이 인기다. 많아도 너무 많은 '쿡방' 중 나의 시선을 붙잡는 프로그램은 단연 JTBC의 〈냉장고를 부탁해〉다.

〈냉장고를 부탁해〉에서는 초대된 손님이 자신의 냉장고를 공개하고 그날의 요리 대결 주제를 정한다. '준비된 재료'가 아닌 '있는 재료'로 즉석에서 순발력과 기지를 발휘해야 한다. 주어진 시간은 단 15분. 대결에 나선 두 요리사가 제한된 시간 안에 뚝딱뚝딱 주문 받은 음식을 만들어내는 과정은 긴장감과 기대감을 흠뻑 자아낸다.

누가 선택되는가

　장안의 내로라하는 유명 요리사가 모였으니 아무리 재료가 척박하더라도 맛없는 요리는 나오기 어렵다. 하지만 공동 우승은 없다. 초대 손님은 반드시 한쪽 손을 들어주어야 한다. 이쪽도 맛있고 저쪽도 맛있다는 황희 정승식 판정은 절대로 불가하다. 초대 손님은 고민 끝에 승자를 선택한다. 기준은 명확하다. 맛은 기본, 그날의 '주제'에 명확하게 부합한 쪽이 승리를 차지한다. '불량식품'을 주문했는데 풍성한 채소 샐러드를 내놓는다면 아무리 맛이 탁월하더라도 이길 수 없다. '저칼로리 간식'을 요청했는데 버터와 설탕이 듬뿍 들어간 크레페를 내놓는다면 아무리 입이 황홀하더라도 선택을 받을 수 없다.

　말도 어쩌면 마찬가지다. 말을 잘한다 하면 보통 유창하고 유려하고 화려한 언변이나 야무지고 똑 부러지고 논리적인 말주변을 떠올린다. 하지만 말솜씨가 좋은 것과 말(전달)을 잘하는 게 반드시 일치하진 않는다. '본래의 목적'에 부합했는지가 말(전달)을 제대로 했는지를 판가름하는 관건이기 때문이다.

목적에 충실하기

광고대행사 신입 시절 좋은 광고란 어떤 광고인가, 나는 어떤 광고를 만들고 싶은가에 대해 수많은 고민을 했다. 감동을 주는 광고, 널리 회자되는 광고, 인기가 많은 광고, 매출을 확 끌어올리는 광고… 이 가운데 과연 내가 하고 싶은 광고는 무엇인지에 대해 꽤나 심각하게 머리를 싸맸다. 사실 그렇게 고심할 필요가 전혀 없었는데 말이다.

광고의 기본 목적이나 목표는 광고주의 마케팅 목표에 따라 결정된다. 따라서 AE인 내가 고민한다고 달라지는 부분이 아니다. 재미있게, 슬프게, 발랄하게 등의 '방식'은 광고대행사의 몫이지만 목표가 매출 상승인지, 인지도 확산인지, 광고의 화제성 자체인지는 광고를 만들기 전에 이미 협의가 끝난다. 간혹 목표를 제대로 못 잡는 광고주도 있다. 광고주의 역할을 제대로 하지 못하는 것이다. 기준도 없이 PT를 받아놓고 평가를 어찌할 것인가. 그래서 가끔은 광고주의 목표를 정해주는 똑똑한 대행사도 있다. 광고주에게 "숙제를 잘못 냈어요. 이번 숙제는 이렇게 내야 합니다"라고 말이다.

TBWA KOREA가 초창기 내놓은 SK텔레콤의 TTL 광고는 가히 획기적인 동시에 성공적인 캠페인이었다. 신비주의 전략으로 완전 초보 임은경을 모델로 내세운 이 광고는 구체적인 메시지 하나

없이 비주얼 요소만 잔뜩 보여준 뒤 TTL이라는 멘트만 달랑 내보 냈다. 광고가 나가면서 세간에선 TTL의 의미에 대한 논쟁이 뜨겁 게 불붙었다. 'Time To Love, That's The Life, The Twenties Life' 등 다양한 해석이 쏟아지는 가운데 일각에선 '떨띠리'라는 설 도 돌았다. 엄청난 물량 공세, 강력한 비주얼, 모델의 신비한 매력까 지 더해진 TTL은 광고 캠페인 사상 대단히 성공적인 걸작으로 지 금까지 회자되고 있다.

자, 성공적이라고 했다. 이 광고 캠페인이 성공적인 이유는 SK텔 레콤 가입자 수를 늘려서도 아니고 브랜드 인지도를 높여서도 아 니고 임은경을 일약 스타로 발돋움시켜서도 아니다. 원래 캠페인이 추구한 목적, 즉 사람들의 관심 집중과 그에 따른 SK텔레콤의 영 타깃 포용 전략에 딱 맞아떨어졌기 때문이다.

TTL 캠페인은 1차에 끝나는 것이 아니라 이후 캠페인별 목적을 다 따로 갖고 집행됐다. 1차 광고의 목적은 화제성이었다.

"TTL이 도대체 뭐야?"

"Time to Love라며."

"누구는 떨띠리라던데?"

"저 모델은 누구야?"

"왜 인터뷰를 안 한대?"

"우주인이래."

"대체 어느 회사 브랜드야?"

이런 식으로 질문에 질문이 꼬리를 물고 그 과정에서 화제성을 갖도록 하는 것. 그리고 다음 단계로 젊은층이 TTL을 자신들의 브랜드로 인식하게 되는 것이 순차적 목표였다. TTL 캠페인은 의도된 목표를 십분 달성하며 올드한 이미지 때문에 고심하던 SK텔레콤의 브랜드 이미지를 일거에 쇄신해냈다.

그런데 만약 캠페인의 본 목적이 단기 가입자 급증이었다면 TTL 광고는 아무리 화제성을 확보했다고 해도 '성공적'이라는 평가는 얻지 못했을 것이다.

말(전달)을 잘한다는 것도 같은 맥락에서 이해할 수 있다. 어떤 목표를 갖고 말을 해서 그 목표를 달성하면 말을 잘한 것이다. 청산유수인지 달변인지 아다다인지 어버버인지는 중요치 않다. 상대를 설득하기로 했다면 설득을, 눈꼴사나운 누군가를 제압하기로 했다면 제압을, 대중을 현혹시키기로 했다면 현혹을, 그렇게 원래의 목적에 맞게 결과가 나타나야 한다.

강요하면 순둥이도 발끈한다

TBWA KOREA 시절 매일 아침 일산에서 신사역까지 지하철 3호선을 쭉 타고 여행하듯 출근을 했다. 1시간 반이 족히 넘는 장거리였다. 이른 아침 지하철은 보통 조용해서 자리에 앉은 사람은 편안히 숙면을 취하고, 서 있는 사람도 손잡이에 의지해 토막잠을 청하곤 한다. 그런데 어느 날, 맞은편 의자에 앉은 젊은 아가씨가 휴대폰을 들고 모바일 게임에 열을 올리고 있는 것이었다. 뿅뿅뾰 뿅! 펑퍼러펑!! 이어폰은 폼으로 꽂고 있는지 신경을 거슬리는 게임 사운드가 연신 터져 나왔다. 주변의 몇몇 사람이 눈살을 찌푸리며 눈치를 주는데도 그녀는 아랑곳하지 않았다. 아마도 소리가 다 들리고 있다는 사실을 모르고 있는 것 같았다. 출근길 지하철은 나에게 이런저런 사색과 휴식이 가능한 거의 유일한 시공간이다. 아름다운 음악도 반갑지 않은 판에 요란하고 자극적인 오락 소리는 정말이지 참기 어려웠다. 저 여자는 도대체 뭐하는 족속인가. 화가 넘치기 직전의 국수마냥 부글부글 끓어올랐다. 참다못한 나는 벌떡 일어났고 여자에게 다가가 손가락 끝으로 어깨를 탁탁 두드렸다.

"소리 좀 줄이고 하세요. 밖으로 다 들려요."

물론 말투가 곱게 나갔을 리 없었다. 표정 또한 사나웠을 것이다. 눈빛으론 아마 '한심한 여자 같으니'라는 힐책을 퍼붓고 있었을 터다. 잠깐 멈칫한 그녀는 미안하다는 기색을 보이는 대신 되레 큰 소리를 쳤다.

"말을 왜 그딴 식으로 해요? 좋게 얘기할 수 없어요?"

여자는 신경질적으로 볼륨을 '조금' 낮추곤 내내 불쾌한 표정을 감추지 않았다. 나 역시 기분이 썩 좋지 않았다.

그런데 그다음 날 퇴근길이었다. 다음 역을 안내하는 차내 방송이 귀를 사로잡았다. 안내 끝에 덧붙이는 기관사의 애드리브 멘트가 걸작이었다.

"음량을 너무 크게 하여 본인의 음악 취향을 타인에게 강요하지 마십시오."

귀가 쫑긋해진 사람은 나뿐만이 아니었다. 전철 안 사람들이 수런수런 움직이기 시작했다. 이어폰을 꽂고 음악을 듣거나 뭔가 하고 있던 사람들은 저마다 볼륨 상태를 점검하기 바빴다.

전날 아침의 오락 소리 사건이 절로 떠올랐다. 나는 크게 한 방 얻어맞은 기분이었다. 그녀 역시 미처 소리 볼륨에 신경을 쓰지 못했을 수도 있다. 아마 내 지적에 내심 실수를 깨달았을 것이다. 하지만 많은 사람들 앞에서 공공연히 힐난조의 지적을 당하자 심리적 방어기제가 발동해 오히려 발끈한 것일 터다. 더불어 소리를 조금만 줄임으로써 오기를 드러낸 것이리라.

그렇다면 나는 말을 잘한 것일까? 상대를 모욕 주고 창피를 주는 게 목적이었다면 모를까 평온한 아침을 얻고자 한 것이 목적이었다면 결코 그렇지 않다. 목표에 제대로 도달하지 못했으니 말이다. 반면 지하철 기관사 아저씨의 방송은 강력하고 효과적이었다. "취향을 강요하지 말라"는 짧은 한마디로 여러 사람이 기분

좋게 볼륨 상태를 되돌아보게 만들었으니 말이다.

지하철 기관사님들이 유머학원이라도 다니시는지 여기저기서 재미있는 방송멘트에 대한 제보도 많이 들었다.

"같은 종류의 동물이 세 마리가 모이면 도축하는 동물팡 게임을 소리를 켜놓고 하는 바람에 시끄럽다는 민원이 들어왔습니다. 동물팡 게임을 하시는 경우에는 이어폰을 이용해주시거나 진동으로 바꾸어주시기 바랍니다."

"학생들은 학업에서, 직장인들은 직장에서 받은 스트레스가 있으시다면 지하철 바닥이나 선반에 모두 버리십시오. 버리고 가신 스트레스는 저희 역무원들이 종착역에서 깨끗이 치우도록 하겠습니다. 소지품은 미아가 되지 않도록 소중히 챙겨주시고 오늘 하루도 기분 좋게 보내시기 바랍니다."

"저출산 시대에 임산부는 국가유공자나 다름없습니다. 임산부가 보이면 자리를 양보해주시고 그냥 배가 나온 분이라면 귀엽게 여겨 자리를 양보해주셔도 괜찮습니다."

어느 화장실 핸드타월 수납 통에는 이런 문구가 적혀 있었다.

'한 장으로 부족하시죠? 지구를 살립시다.'

나는 그 문구를 볼 때마다 두 번째 장을 팍팍 뽑아 쓰고 싶은 욕구를 사뿐히 누르곤 했다. 조금 부족하지만, 대의를 위해 참아보리라는 마음이 동했기 때문이다. '한 장으로도 충분하다'는 여느 화장실의 문구보다 호소력이 훨씬 강하지 않은가?

말을 잘한다는 것은 상대의 마음을 파고드는 것이다. 그리고 가장 효과적인 방식으로 그 마음을 움직이는 것이다. 목표를 가장 원만하게 달성하는 사람이 결국 최고의 전달자다.

정리해보자. 어떤 말을 하든 먼저 목표, 목적을 분명히 해야 한다. 그래야 방향을 정하고 가장 효과적인 방법을 모색하고 가지를 쳐낼 것이 정해진다. 또한 사후 평가가 명확해진다. 많은 사람 앞에서의 돌직구나 명령형 강요는 바람직하지 않다. 반발심이나 오기를 불러일으킬 수 있다. 가능하면 부드럽게 우회하라. 당신의 말이 목표에 상쾌하게 도달할 수 있도록.

PART 2

강약 조절만 잘해도
전달의 힘은 배가된다

내용이 문제지,
목소리 문제가 아니다

　　광고대행사에서 아주 중요한 업무 중 하나가 PT다. 이는 광고주 앞에서 내 주장을 전달해 받아들이도록 하는 일이다. "이번 광고는 이러저러한 목표 하에 이러저러하게 제작되었으니 이러저러하게 집행하면 됩니다"라고 발표한다. 전략 부분은 AE가, 광고안은 CD가 발표를 맡는 경우가 많다. 경우에 따라서는 AE가 모든 발표를 진행하기도 한다. PT에서 승리하면 보통 1년 계약을 하게 되니 광고대행사로서는 한 해 농사를 결정짓는 매우 중요한 일이다. 광고주가 우리 회사를 믿고 나에게만 제안을 받으면 좋겠지만 광고주는 대략 3~4개 혹은 그보다 더 많은 대행사로부터 PT를 받고 함께 일할 회사를 선택한다.

요즘은 사정이 그리 좋지 않아 서류로 10여 개의 대행사를 1차 심사한 후 서류에 통과한 대행사만 실제 PT에 들어갈 자격을 얻기도 한다. 이렇다 보니 PT에 능한 AE의 몸값이 당연히 치솟게 된다. PT를 잘한다는 것은 다시 말해 '전달'을 잘한다는 뜻이다.

PT를 잘하는 방법

요즘은 광고대행사뿐 아니라 다양한 부문에서 PT를 활용한다. 예컨대 대학교 수업도 PT 형식의 주제 발표로 진행되는 경우가 많다고 한다. 심지어 요즘은 초등학교나 중학교에서도 한 달에 한 번씩 PT 형식의 수업을 진행한다. 주제를 정해 반 아이들 모두가 돌아가며 발표를 하는 것이다. 보드에 내용을 정리해 발표하는 아이가 있는가 하면 어떤 아이는 벌써 파워포인트를 활용하기도 한다. 같은 주제에 대해 다양한 생각이 존재함을 확인하고 발표력도 기를 수 있으니 권장할 만한 교육방법인 듯싶다. 요는 광고대행사의 PT 방식이 여러 분야로 확산됐다는 것이다.

사실 PT라 하니 거창해 보이지만 PT는 우리가 과거 학창 시절 했던 발표와 별반 다르지 않다. 좀 더 체계적이고 논리적으로 기획서를 써야 한다는 점에서 차이가 날 뿐. 또 하나 차이를 들자면 '쇼'적인 요소가 강하다는 점이다.

논리적인 근거를 확실히 대고 좀 더 세련된 방식으로 기승전결을 넣고, 정확한 전달과 극적인 설득을 위해 여러 가지 방법이 동원된다. 사람을 앞에 두고 조곤조곤 얘기하는 일반적 방식은 통하지 않기 때문이다. 그리하여 많은 사람들이 PT 공부에 열을 올린다. PT의 명인으로 추앙받는 스티브 잡스의 PT 기술을 책으로 달달 외우기도 하고 유명인이 대거 포진된 TED 강의를 '인강'처럼 듣기도 한다. 내 자랑 같아 조금 멋쩍지만 PT에 일가견이 있다는 소문을 좇아 나에게 PT 비결을 물어오는 이들도 많다. 이 기회에 몇 가지 노하우를 풀어보겠다.

바꿀 수 있는 것에 집중하라

PT와 관련해서 가장 많이 받는 질문은 "저는 목소리가 작은데 어쩌죠?"와 "저는 목소리가 별로라서 걱정입니다"이다. 일대일 혹은 몇 사람과 대화를 주고받는 것이 아니라 많은 사람 앞에 서서 주장을 펼쳐야 하니 고민이 될 법도 하다. 당연히 목소리가 크고 좋은 사람이 PT에서 훨씬 유리하다고 생각한다. 하지만 타고난 목소리를 바꿀 재간이 있나? 없다. 노력해서 바꾸지 못할 문제에 대해서는 애초에 고민할 필요가 없다. 아무리 염려하고 안달해봤자 바뀌지 않는 사안에 대해 무엇하러 시간을 낭비한단 말인가.

대리 시절, 회사에 자그마한 체구에 매우 얌전하고 여성스러운 부장님이 계셨다. 조금 큰 회의실에서 회의를 할라 치면 이분의 목소리가 잘 들리지 않아 상당히 갑갑하게 느껴졌다. 그런데, 어느 날 이 부장님이 PT를 한다는 것이었다. 대리 주제에 나 혼자 지레 걱정에 빠졌다.

'아니, 회의실에서 우리끼리 회의해도 목소리가 잘 안 들리는 판인데 저런 분이 광고주 앞에서 PT를 한다고?'

내가 팀의 승률을 염려하고 있는 동안 부장님은 PT 직전까지 기획서를 수정하고 효과를 넣고 리허설을 하느라 바쁘게 움직이셨다. 나는 그저 짐을 옮기는 역할로 PT장에 합석했다. 내가 무대에 서는 것도 아니건만 잔뜩 긴장이 되고 침이 꼴딱꼴딱 넘어갔다.

'아…, 정말 어쩌면 좋아. 저 목소리.'

우리 PT 차례가 되자 부장님이 앞으로 나섰다. 그리고 작지만 매력적인 목소리로 말씀하셨다.

"제가 목소리가 작습니다. 귀 기울여 들으셔야 잘 들리실 겁니다."

나는 눈이 휘둥그레지고 말았다. 아예 대놓고 본인의 콤플렉스를 공개하는 것이 아닌가. 가벼운 웃음이 흩어졌고 분위기는 환기됐다. 놀라운 것은 광고주들이 하나같이 몸을 앞으로 기울여 부장님의 말에 귀를 쫑긋 세우는 광경이었다. 정말 마법 같은 일이었다. 하기야 프리젠터가 "목소리가 작다"고 공표했는데 어쩌겠는가. 들고 싶은 혹은 들어야 하는 사람이 귀를 기울일 수밖에. 물론, 광고주들을 끌어당긴 가장 큰 힘은 PT의 내용이었다. 당시 내용은 BTL(Below The Line, 이벤트·전시·CI·PR·옥외매체·인터넷 등 마케팅을 직접적으로 지원하기 위한 활동)과 관련된 제안이었는데 새로운 아이템이 즐비했고 구석구석 알찬 아이디어로 가득했다. 조금 과장하면 보청기라도 끼고 잘 듣고 싶은 내용이었다. 그러니 작은 목소리는 전혀 문제가 되지 않았다. 게다가 처음부터 "나 목소리 작다. 잘 들어라"를 깔고 시작하니 진행도 순조로웠다.

약점을 극복할 수 있는 방법은 이처럼 여러 가지다. 또 아주 큰 장소에는 마이크가 있기 마련이다. 여기서 중요한 비결. 자신의 약점에 집착하지 마라.

역시 콘텐츠다

나는 TBWA KOREA의 전 CEO 강철중 대표의 PT를 참 좋아하는데, 매우 차분하게 논리적으로 자분자분 말씀하시는 스타일이다. 평소의 말투와 크게 다르지 않지만 눈빛이 매우 진지하시다. '나는 이 논리를 확신하고 당신 역시 그럴 것이다'는 투지가 보인다.

그런데 언젠가 사적인 자리에서 대표님께 "PT가 참 좋다"고 이야기하니 의외의 반응이 돌아왔다.

"그런데 내가 목소리가 별로잖아."

엥? 그런가? 목소리가 별로였나? 숱하게 대표님의 목소리를 들었지만 단 한 번도 그런 생각을 해본 적이 없었는데 말이다.

아마도 본인은 스스로 목소리가 가벼운 편이고 묵직한 맛이 없다고 생각하시는 모양이었다. 하지만 단언컨대 대표님의 PT에서 목소리에 신경을 쓰는 사람은 아무도 없을 것이다. 대표님의 PT는 긴장감을 조성하는 극적인 스타일이 아니다. 처음부터 끝까지 정적이면서도 지적인 분위기를 풍긴다. 또 딱딱하지 않고 부드러운 톤으로 가능한 쉽게 설명하신다. 어려운 업계 용어는 생략하고 구어체에 가까운 설명을 알아듣기 쉽게 펼쳐간다. 아주 잘 정리된 설명서를 읽는 느낌이라고 할까. 좋은 목소리는 아닐지 몰라도 100% 신뢰가 가는 목소리다.

다시 한 번 밑줄을 긋자. 목소리보다는 PT 내용이 백 배 천 배 중요하다. 듣는 사람은 프리젠터의 목소리가 아닌 내용에 먼저 신경을 쓴다. 즉, 콘텐츠가 좋다면 그저 그런 목소리도 얼마든지 극복할 수 있다. 반대로 제 아무리 '꿀성대'라도 내용이 빈약하면 PT가 좋게 들릴 리 없다. PT의 핵심은 내용이다. 내용에 충실하고 나머지 약점에 대해서는 신경을 꺼라. 노력해서 바꿀 수 없는 약점이라면 말이다.

회사에 목소리 좋기로 손꼽히는 AE가 둘 있는데 한 명은 크고 우렁찬 목소리로, 다른 한 명은 달콤하고 감미로운 목소리로 유명하다. 두 사람 다 목소리로만 치면 대한민국 AE 중 둘째가라면 서러울 것이다. 그런데 좋은 목소리라고 반드시 PT에 유리하기만 할까?

크고 우렁찬 목소리의 A는 강약 조절을 제대로 하지 못해 처음부터 끝까지 지르는 톤으로 PT를 하기 일쑤다. PT란 전반적으로 흐름을 타며 스리슬쩍 넘어가는 부분과 방점을 찍어가며 강조하는 부분을 전략적으로 조절해야 하는데 큰 목소리를 주체하지 못해 처음부터 끝까지 '강! 강! 강!'으로 일관하니 지루함을 자아낸다. 내 앞에 모인 청중이 30~40분 내내 목소리에 집중해주지는 않기 때문이다.

감미로운 음성의 B는 두서넛이 대화를 할 때는 정말 홀딱 반할 지경인데 PT 자리에만 서면 듣는 이에게 졸음을 안긴다. 연애 상대의 목소리라면 더할 나위 없이 좋으련만, 프리젠터로서는 그 감미로움이 수면제에 가깝다. 가끔은 목소리를 듣다가 그대로 잠들어버리고 싶은 때도 숱하다. 즉, 힘 있는 또는 달콤한 목소리가 항상 모든 자리에 적합한 것은 아니다. 인생사와 마찬가지로 어떤 목소리든 장점과 단점이 동시에 존재한다.

영화 평론가로 명성 높은 이동진 씨도 좋은 예가 될 것 같다. 사실 그의 목소리는 그리 좋은 편이 아니다. 목소리 크기도 작은 축에 속한다. 자신감보다는 오히려 소심함이 느껴진다는 게 맞을 것 같다. 그럼에도 불구하고 그의 이야기는 신중하고 믿음직하게 들린다. 듣고 싶고 받아 적고 싶고 새겨 두고 싶다.

AE 초년병 시절, 이동진 평론가를 한 광고의 모델로 기용한 적이 있다. 사수의 반대와 미심쩍어 하는 광고주 사이에서 굴하지 않고 모델 안을 관철시켰다. 솔직히 고백하자면 그가 모델로 적합해 보였다기보다는 그를 실제로 만나보고 싶다는 사심이 컸다. 직접 만난 그는 내 상상보다 훨씬 왜소했고 목소리에 '히마리'가 없었다. 하지만 그럼에도 불구하고 좋았다. 지금의 이동진 평론가를 보고 누가 목소리를 지적할까. 결국 내용이 갑이다(요즘은 노래도 하시더라).

인공지능 알파고와의 대결로 연예인 버금가는 인기를 얻게 된 이세돌을 봐도 자명하다. 그는 과거 실어증을 앓은 영향으로 변성기 전 소년처럼 가느다란 목소리를 갖게 됐다. 지금이야 '미소년 같은 목소리'라는 수식어가 어색하지 않지만 이전까지 그의 목소리에 대한 평은 솔직히 그다지 좋지 않았다. 하지만, 지금은 그 목소리가 모성애를 자극한다고 열광하는 여성 팬까지 쏟아질 정도다.

성공한 뒤에는 사소한 결점이 결코 문제되지 않는다. 오히려 장점으로 '미화'되기도 한다. 요인즉슨, 내용을 갖고 승부를 봐야한다. 목소리는 결코 발목을 잡을 수 없다.

▶ **덧붙이는 말 :** 내 남편은 정말 목소리가 '아니올시다'다. 40세가 넘어서도 변성기가 오지 않은 어린아이같이 듬직하지 않은 음성을 소유하고 있다. 젊은 시절 남편의 친구들은 그에게 연애를 하게 되면 절대 전화 통화를 하지 말라는 충고를 했다고 한다. 하지만 나와 만나는 동안 그는 여느 연인들처럼 밤샘 통화로 무수한 밤을 보냈고, 결혼에 도달하기까지 목소리가 문제된 적은 한 번도 없다. 적어도 연애하는 동안은 그의 목소리가 별로라고 의식하지 못했다. 지금도 그 변변찮은 목소리로 회사 생활을 잘하고 있으니 목소리에 콤플렉스가 있는 분들은 부디 힘을 내시라.

요즘은? 가끔 정말 멋진 베이스 톤 목소리의 남자를 만나면 슬그머니 마음이 흔들리기도 한다. 하지만 어차피, 흔들림은 잠깐이다.

마케팅 플랜 PT 필살기

PT에 관해서라면 사실 스티브 잡스의 프레젠테이션 노하우를 소개한 책들을 권하고 싶다. 간결한 내용, 드라마틱한 구성, 흥미를 유발하는 헤드라인, 생생한 표현, 효과적인 숫자 활용 등등 기본적이고 실용적인 팁들이 즐비하다. PT의 귀재 스티브 잡스가 이미 교과서처럼 버티고 있는데 내가 이런 글을 끄적거리는 게 무슨 의미가 있을까 싶지만, 그럼에도 불구하고! 몇 가지 덧붙이고 싶은 사항이 있다.

스티브 잡스가 탁월한 능력을 발휘했던 분야는 신제품 설명 PT다. 보통 업무에서 빈도가 높은 마케팅 플랜 PT와는 다소 차이가 있다. 따라서 여기서 말하고자 하는 것은 바로 그 부문이다.

– 앵무새가 되지 말라

가장 첫 번째로 명심해야 하는 것은 철저한 내용 숙지다. 직접 원고를 쓰고 그 내용을 몸으로 머리로 마음으로 샅샅이 이해하고 있어야 한다. 내용 숙지는 PT의 질은 물론 열정의 수준에도 영향을 미친다.

– PT도 말하듯이

오디션 프로그램 〈K팝스타〉에서 JYP 박진영 대표는 몇 가지 어록을 남겼다. 대표적인 게 "공기 반 소리 반", 그와 비슷한 빈도로 강조했던 내용이 "노래는 말하듯이"다. 노래 속에는 가사가 있다. 노래는 '음정이 실린 말'을 하듯이 해야 한다는 게 그의 변이다.

PT도 마찬가지다. 그저 많은 사람을 앞에 두고 하는 말일 뿐이다. 본인의 고유한 말투를 살려라. 참고로 TBWA KOREA 박웅현 크리에이티브 대표는 술자리에서도 강연하듯이 말한다. 평소의 말투와 술자리 말투와 PT 말투의 싱크로율은 거의 99%. 목소리 크기만 달라질 뿐이다. 그에게 일상은 곧 PT 연습장이다.

– Think Different

경쟁 PT의 경우, 실제로 진행되는 순서와 경쟁사의 전략을 생각해야 한다. 광고가 집행될 때도 마찬가지인데, 우리 안이 단독으로 봤을 때는 정말 멋있고 좋은데 TV에서 앞뒤로 다른 광고가 붙어버리면 확 다르게 보이는 경우가 있다. 실제 집행 시의 효과를 염두에 두지 않은 탓이다.

비슷한 톤의 광고가 유행할 때는(그게 먹힌다는 이유만으로) 그와 다른 톤으로 제작하는 것만으로 실제 광고가 나갈 때 확실히 튀어 보인다. PT도 마찬가지다. 비슷한 패턴이 유행한다면 단지 차별을 위한 차별화만 시도하더라도 확실히 돋보일 수 있다. 경쟁사(경쟁자)가 비슷한 전략을 내놓을 것으로 예상된다면 아예 다른 전략으로 접근하는 것이 성공 확률을 높인다. 차별화는 그 자체만으로도 확고한 전략이다.

– 복장은 단정하게

당신은 스티브 잡스도, 마크 주커버그도 아니다. 그들이 터틀넥에 무릎 나온 청바지, 후드 달린 티를 후줄근하게 입고서도 얼마든지 성공했다는 사실에 고무되어 철없이 그들의 패션을 따라 한다면 감점은 따 놓은 당상이다. 패션도 전략. 하지만 '튀는' 패션은 성공한 후에 선택할 수 있는 전략이다.

– 입장부터 PT다

PT의 시작은 등장부터다. 당당하고 자신감 있는 태도는 기본. 한 걸음 한 걸음 힘 있게 내딛으라. 면접 때도 마찬가지다. 면접관 앞에서 대답만 잘하면 된다고 생각하는 모양인지 대기 태도가 불량한 사람이 많다. PT장 입장 걸음걸이가 시원치 않거나, 대기 자세가 좋지 않은 사람치고 결과물이 신통한 경우는 거의 못 봤다.

맞장구에도
알맹이가 있어야 한다

　전달력을 다른 말로 하면 대화력이다. 어떻게 대화의 방향을 잡아 가느냐에 따라 목표 도달 여부가 결정되니 말이다.

　'효과적인 대화 비법'에 대해서는 책 꽤나 읽은 편인데, 거의 모든 책에 빠지지 않는 내용이 있다. 바로 '경청'이다. 상대의 말을 잘 들어주기만 해도 말 잘하는 사람으로 어필할 수 있다는 것이다. 즉 누구나 자신의 말에 귀를 기울여주기를 원하니 듣고 맞장구만 잘 쳐도 80% 이상 먹고 들어간다는 게 요지다. 지금까지 이 주장에 토를 다는 사람은 보지 못했고 이는 거의 대화술의 정석처럼 받아들여지는 분위기다.

잘 들어주면 된다? 천만에

그런데 정말 그럴까? 잘 들어주기만 하면 과연 대화가 물 흐르듯 이어지고 상대가 나에게 호감을 갖고, 급기야 내가 원하는 바를 흔쾌히 받아들여줄까? 나는 여기에 분연히 반기를 들고 싶다.

물론 '경청'이란 대화에서 정말 중요한 미덕이다. 하지만 '잘 듣는 것'의 의미를 자의적으로 해석해 그릇된 방향으로 실천하는 사람을 정말 많이 만났다. 묵언 수행이라도 하듯, 줄곧 미소를 지으며 상대의 말에 고개만 끄덕이고 있거나, 의무 방어적 리액션으로 일관하는 사람들 말이다.

일로 알게 된 A양도 그런 유형이었다.

"그러게요", "아, 그랬구나", "저런, 그럴 수가!", "어머, 세상에. 정말요?"와 같이 짐짓 눈을 빛내며 다채롭지만 무의미한 맞장구와 추임새를 쏟아놓는 A양과 헤어질 때면 나는 완전히 털린 듯한 기분에 사로잡혔다. 정신과 상담을 하고 돌아서는 듯한, 혹은 모노드라마의 주인공이 된 듯한 찜찜한 마음과 마치 실체 없는 허깨비와 스파링을 하고 난 권투선수와 같은 허무감이 엄습했다.

안 하느니만 못한 리액션도 있다.

누군가 어느 날 길었던 머리를 자르고 나타났다. 그런데 개악이다. 그래도 아는 척은 하고 싶다.

"어, 머리 잘랐구나."

'잘 어울린다' 혹은 '젊어 보인다'는 의견이나 느낌 없이 오로지 사실만 언급한다. 이럴 때 상대는 어떻게 느낄까?

아기를 안고 있는 이웃과 엘리베이터에 탔다. 그 집 아기는 처음 본다. 그런데 요즘 보기 드물게 못생긴 아기다. 그래도 본 김에 한 마디라도 해야겠다.

"어머 아기네요."

아기 엄마 기분은 어떨까?

영혼 없는 리액션은 상대의 마음을 상하게 한다. 내용 없는 맞장 구로는 결코 진짜 대화를 나눌 수 없다. 그리고 당신은, 그들의 마음에서 이내 퇴출되고 만다.

대화는 탁구처럼

대화 상대로 피하고 싶은 또 다른 유형이 '미식축구파'다. 출발선에 서 있다가 부리나케 달려 터치다운을 하는 럭비선수처럼 상대방의 말을 전혀 듣지 않고 자기 얘기만 늘어놓는 사람이다. 상대가 말할 때 관심을 갖고 호응하는 게 아니라 자신이 할 말만 생각하고 있는 것이다. 그러다 말할 차례가 되면 전투적으로 본인 이야기만 한다.

특히 여자들 모임에서 이런 모습이 흔히 목격된다. 동창회, 수영장 반 모임, 요리 클래스 모임 등이 대표적이다(모두가 그렇다는 이야기는 아니다). 가만히 보면 남이 이야기를 듣건 말건 상관하지 않는다. 먹이를 찾는 하이에나처럼 자신이 말할 찬스를 노리다가 기회다 싶으면 득달같이 자기 할 말을 쏟아낸다. 이 경우 주된 주제는 '자랑'이다. 모임 내내 일방적인 남편 자랑, 자식 자랑, 돈 자랑 배틀이 이어진다.

은퇴한 남자 어르신 중에도 이런 유형이 적지 않다. 특히 가족 관계가 원만하지 않을수록 바깥에서 이 같은 일방통행형 대화에 열중하는 것 같다. 안에서 들어줄 사람이 없으니 밖에서 대화 상대를 찾는 것이다. 요즘 유행하는 술집이 룸살롱이 아니라 대화를 성의 있게 나눠주는 카페형인 것도 같은 맥락이다. 마담을 비롯해 호감 가는 외모에 일반적 교양을 갖춘 여자들이 중장년층 남성들의 이야기를 귀담아 들어준다. 얘기만 잘 들어줘도 나이 든 남자들이 기꺼이 지갑을 여는 것이다.

당연하지만 내 뜻을 전달하려면 '대화'가 통해야 한다. 통하는 대화란 '유의미한 상호작용'이다. 제 말만 해서도, 듣기만 해서도 안 된다. 핑, 퐁, 핑핑 퐁, 핑 퐁퐁퐁, 핑퐁 핑퐁…. 듣기와 말하기의 균형(Listening Speaking Balance·LSB)을 이루는 가운데 열과 성을 다해 상대를 살피고 정성껏 공을 주고받는 '탁구형 대화'가 이뤄져야 한다. 전달이고 설득이고는 그다음 문제다.

양과 질을 맞추라

친구든 연인이든 비즈니스 파트너든 관계가 깊어지려면 서로의
마음이 비례해서 열려야 한다. 내가 마음을 연 만큼 엇비슷한 비율
로 상대의 마음도 열려야 한다. 그래야 소통이 시작되고 화학작용
이 일어나고 관계가 건강하게 발전한다.

나에게 비밀을 자주 털어놓는 친구가 있다 치자. 그런데 나는 딱
히 털어놓을 비밀이 없다. 마주쳐줄 손바닥이 없는 것이다. 일방적
으로 털어놓고 일방적으로 듣는 관계가 계속될 수 있을까? 어느 순
간부터 친구는 나에게 부담을 느끼기 시작한다. 내 쪽에만 상대의
카드가 점점 쌓이다 보면 균형이 깨지고 결국 관계의 다리는 무너
지고 만다. 일방적인 관계는 어떤 형태로든 종말을 맞게 된다. 짝사
랑이 결국 마침표를 찍게 되듯 말이다.

상대가 말을 하는 만큼, 상대가 마음을 여는 만큼 양적으로 질적
으로 균형을 맞출 때 좋은 대화 상대가 될 수 있다.

대명사는
피하는 게 좋다

이준익 감독의 2003년 흥행작 〈황산벌〉에 등장한 명장면 하나. 백제의 계백장군이 참모들을 불러놓고 비장하게 지시한다.

"여그 황산벌 전투에서 우리 전략은 한마디로 거시기헐때꺼정 거시기해불자. 바로 요거여. 알것제?"

참모들은 일사불란하게 고개를 끄덕인다. 해석하자면 승리할 때까지 끝까지 싸우자는 뜻이다. 이를 숨어 엿듣던 신라 김유신 장군은 당황한 표정으로 부하들에게 명령한다.

"니들 다 들었제? 거시기의 정체를 정확히 파악할 때까지 총공격은 절대 몬한다카이."

'거시기'를 작전상 중요한 암호로 오해한 데서 비롯된 이 촌극은 관객에게 큰 웃음을 안겼다.

거시기할 때까지 거시기하라?

'거시기'의 사전적 풀이는 이름이 얼른 생각나지 않거나 바로 말하기 곤란한 사람 또는 사물을 가리키는 대명사다. 국어 강의로 학원가를 주름잡던 서한샘 씨에 따르면 '거시기'에는 무려 125가지 의미가 있다고 한다. 아니, 정확히 말하자면 그때그때 상황에 따라 의미가 달라지는 무수한 경우의 수가 있다고 한다. 예컨대 전라도 어머니가 김치를 담그며 "야야, 배추 좀 절이게 부엌에 가서 거시기 좀 가져와라"고 했다면 '거시기'란 소금이다. 그런데 이 어머니가 새로 온 슈퍼 점원을 두고 눈살을 찌푸리며 "아따, 그 총각 참 거시기하대?"라고 했다면 아마도 그 총각이 예의 없고 친절하지 않으며 한마디로 마음에 들지 않는다는 뜻일 터다.

현실 생활에서도 '거시기'가 다양한 형태로 등장하는데, 문제는 화자와 청자 간에 얼마나 공통으로 이해하는 부분이 많으냐에 달려 있다.

그의 '그것'은 당신의 '그것'과 다를 수 있다

친정어머니의 경우 나이가 들면서 고유명사보다 대명사를 쓰는 일이 점점 많아지신다. 예를 들면 이런 것이다.

"애, 저~ 기 가서 그거 좀 가져와라."

저기는 어디고 그거는 무엇이란 말인가. 수십 년간 함께 생활한 사이인데도 도무지 알아들을 길이 없다. 어머니가 안내하는 대로 기사 노릇을 해야 할 때면 상황은 더 심각해진다.

"조기, 조기서 요짝으로 꺾어."

조기는 그렇다 쳐도 요짝은 도저히 짐작하기 어렵다. '그것, 저것, 그쪽, 저쪽' 같은 대명사는 사람을 헷갈리게 하니 제발 구체적으로 말해 달라 아무리 호소해도 어머니의 언어생활에서 대명사가 차지하는 비중은 날로 커져만 간다. 더불어 모녀간의 의사소통이 어긋나는 경우도 늘어만 간다.

사적인 관계라면 오해를 풀면 그만이지만 비즈니스에선 '해석의 차이'가 심각한 문제를 야기하기도 한다. 과거 신문사들이 가판(당일 저녁 지하철 등에서 판매하는 다음 날짜 신문)을 발행할 때는 일간지 광고 마감 시간이 3~4시였다. 하지만 인터넷 매체가 폭증하고 신문 가판이 없어지면서 광고 마감도 7~8시로 늦춰졌다. 광고를 출고하는 사람 입장에서는 혹시라도 문제가 없는지 확인할 수 있는 시간이 더 미뤄진 것이다. 즉 이랬다저랬다 변덕을 부리며 광고 수정을 요구하는 광고주에게 휘둘리는 시간이 그만큼 늘어났다는 의미다.

　어느 날, 6시 즈음 업무를 마치고 퇴근한 나는 집에서 저녁을 먹고 있었다. 8시가 조금 안 됐을 무렵, 한 신문사 담당자에게 전화가 걸려왔다. 내일자 신문에 들어갈 광고 데이터가 아직도 올라오지 않았다는 것이다. 의아했다. 광고는 내일자가 아니라 내일모레자였기 때문이다.

　"차장님, 우리 광고 내일모레 아네요?"

　담당자는 펄쩍 뛰며 "내일자예요!"라고 소리쳤다.

　나는 그와 아침에 나눴던 대화를 복기해봤다. 당초 내일자와 내일모레자 둘 다 광고를 알아보다가 내일자는 없는 것으로 하고 내일모레자로 최종 부킹을 했다(고 생각했다). 그리고 오후쯤 그 담당자가 한 번 더 전화를 했다.

　"그거 그대로 가는 겁니까?"

　나는 당연히 내일모레자를 부킹했다고 믿었으므로 아무 의심 없이 맞다고 대답했다. '그것'과 '그대로'를 확인할 생각을 하지 않았다. 그런데 아뿔싸. 신문사 담당자의 '그대로'는 '내일자'였고 나의 '그대로'는 '내일모레자'로 어마어마한 차이가 있었던 것이다. '그대로'를 미처 확인하지 않은 탓에 5천만 원에 육박하는 광고지면 하나가 날아갈 위기에 처한 것이다. 시간은 벌써 8시. 담당자는 잠깐 기다려보라며 전화를 끊었다. 20분이 지났지만 연락이 없었다. 문제가 해결되지 않으면 5천만 원은 어떻게 되나. 무시무시한 표정으로 나더러 "어떻게든 하라!"고 소리 지를 팀장과 본부장의 얼굴이 떠올랐다. 나는 더 이상 기다릴 수 없어 신문사 담당 데스크에 직접 전화를 걸었다.

"부장님, 담당자랑 저랑 날짜 확인하는 과정에 커뮤니케이션이 제대로 되지 않았습니다. 저는 날짜를 모레로 알고 있고, 담당자는 내일로 알고 있어서 지금 전면 광고 하나가 날아가게 생겼어요. 더 꼼꼼히 챙겼어야 했는데 죄송합니다. 이번 한 번만 막아주시면 제가 내일 사표라도 쓰고 책임지겠습니다."

어떻게든 해결해야 한다는 중압감, 결국 나 혼자서 막을 수밖에 없다는 고독감이 엄습했고 사직서를 쓰고서야 해결이 된다면(그것으로 해결이 될까 싶지만) 그렇게라도 막고 싶었다.

담당 부장님은 당혹해하며 광고 날짜를 당겨서 집행할 수는 없냐고 물었다. 광고주가 나를 위해 그렇게 해줄까? 어림도 없었다. 그럴 가능성이 100분의 1만 있었어도 사표까지 쓸 생각은 하지 않았을 것이다. 부장님은 일단 기다려 달라고 말하고 전화를 다시 끊었다.

몇 분이나 지났을까. 침묵이 고문과도 같았다. 나 스스로 무엇도 해결할 수 없는 극한 위기에 홀로 버려진 기분은 참으로 비참했다.

시간이 좀 더 흐른 후, 담당자에게 연락이 왔고 어찌어찌 막았다고 답이 돌아왔다. 나는 아무 말도 할 수 없었다. 그저 감사하다는 인사만 나왔다.

반드시 '확인 사살'하라

그날 그놈의 대명사 때문에 어찌나 고생을 했는지, 나는 그 이후로 특히 업무상 대화에서는 대명사를 거의 사용하지 않는다. 또한 상대의 대명사도 반드시 확인을 하고 넘어간다. 요즘도 그런지는 잘 모르겠으나 중학교 영어시험에 매번 나오던 단골 문제 중 하나가 "다음 글에서 'it'이 가리키는 것을 고르시오"라는 것이었다. 'it'의 정체를 알아내느라 얼마나 골머리를 썩혔던가.

대명사란 자고로 서로 익히 알고 있는 내용에 대해 동어반복을 피하고 이를 대명사로 치환해 시간을 절약하기 위한 도구다. 그런데 이것이 의사소통에 방해가 된다면 피하는 게 좋다. 대명사는, 위험하다.

이메일의 함정- See what I wanna see

"캠리브짓 대학의 연결구가에 따르면 한 단어 안에서 글자가 어떤 순서로 배되열어 있는가 하것는은 중하요지 않고 첫째번와 마지막 글자가 올바른 위치에 있것는이 중요하다 한다나머지 글들자은 완전히 엉진창망의순서로 되어 있지을라도 당신은아무 문없제이 이것을 읽을 수 있다왜하냐면인간의 두뇌는모든 글자를하나하나 읽것는이 아니라단어 하나를 전체로 인하식기 때문이란다."

눈썰미가 좋은 이는 이미 눈치 챘겠지만 위의 내용을 구성하는 단어들은 한마디로 엉망진창이다. 그런데 눈썰미가 좋든 좋지 않든 위의 내용을 이해하는 데는 아무 지장이 없었을 것이다. 인간의 두뇌는 단어를 통째로 인식하기 때문에 한 단어에서 맨 앞과 맨 뒤의 글자만 올바르다면 나머지 순서가 뒤죽박죽이어도 해당 단어를 정확하게 인식할 수 있으며, 따라서 내용을 이해하는 데는 하등의 문제가 없는 것이다.

인간의 두뇌는 실로 묘하고 신비롭다. 그런데 이를 살짝 뒤집어 말하면, 인간의 두뇌가 '콘텐츠'를 인식하는 과정에서 상당한 '가공 작업'을 가미한다는 사실을 알 수 있다. 요는, 두뇌가 자의적 프로세스에 따라 의식하지 못한 '오류'를 일으킬 수도 있다는 것이다. 뇌의 신비로운 작용이 장점이 될 때도 많지만 약점으로 작용할 때도 숱하다.

업종을 가리지 않고 다양한 업무가 이메일로 이뤄지는 요즘, 두뇌의 이 같은 특징이 심심치 않은 실수를 유발한다. 이메일을 주고받으며 일을 하다 보면 당사자 간에 이런 고성이 오가는 일이 심심찮게 벌어진다.

"그거 지난번에 이메일로 보내 드렸는데요. 안 보셨어요?"

아예 이메일을 받은 사실조차 기억 못 하는 경우도 많거니와 메일을 읽었으면서도 정작 중요한 내용만 기억나지 않는다고 하는 경우도 허다하다.

"읽긴 했지만 그런 내용은 없었어요."

상대가 오리발을 내미는 경우를 대비해서 우리는 보낸 메일을 보관한다. 하지만, 그렇다고 해서 딱히 달라질 건 없다.

"이것 보세요. 제가 분명히 보냈잖아요. 여기 이렇게 크게 적혀 있는데요?"

아무리 이렇게 따져본들 비슷한 상황이 매일 수없이 반복된다. 위에서 말했듯 인간의 두뇌는 '자의적'이기 때문이다. 즉, 읽고 싶은 것만 읽고 보고 싶은 것만 본다. 당신이 중요하다고 생각한 내용에 '밑줄 쫙', '별 세 개' 등 온갖 방식을 동원해 주목할 것을 요청한다고 해도, 상대가 메일을 당신 뜻대로 읽지 않을 확률은 언제나 높다. 특히 여러 업무를 멀티로 처리하면서 이메일을 읽다 보면 자의적 해석 비중이 더욱 높아지기 마련이다.

주말에 뮤지컬을 보러 갔다가 낭패를 당한 적이 있다. 많은 경우 뮤지컬 등의 주말 낮 공연은 3시다. 적어도 내가 본 공연들은 그랬다. 토요일 오후 공연을 예매한 나는 조금 일찍 공연장에 도착했다. 예상보다 차가 훨씬 덜 막힌 덕분이다. 느긋하게 커피까지 한 잔 마시고 공연 10분 전인 2시 50분쯤 예매한 티켓을 찾으러 갔더니 창구 직원이 의아한 표정으로 나에게 물었다.

"낮 공연 보러 오신 건가요?"

아니 그럼 오후 3시에 저녁 공연을 보러 온 사람도 있을까.

"그럼요."

"공연이 이미 시작돼서 당장 입장은 어렵습니다."

나는 눈을 똥그랗게 뜨고 따졌다.

"아니 3시 공연이 왜 벌써 시작했어요?"

"어머, 저희 낮 공연 시간은 2시인데요."

오 마이 갓. 공연 시간이 길어서인지 여느 공연과 주말 스케줄이 달랐던 것이다. 그제야 예매 안내 메일에 공연이 2시부터라는 내용을 보고 고개를 갸우뚱하곤 지나쳤던 기억이 났다. 분명 봤다! 하지만 '주말공연 = 3시'라는 내 선입견이 낯선 정보의 습득을 방해한 것이다. 세상이 무조건 내가 알고 있는 대로 돌아간다고 멋대로 생각한 것이다.

이런 일은 비일비재하다. 누구나 이 함정을 피해갈 수 없다. 요지는 하나다. 이메일을 읽을 때는 좀 더 주의를 바짝 기울여 실수를 줄이고, 정말 중요한 내용을 메일로 보낸다면 전화로 한 번쯤 확인을 해서 낭패를 예방하자. 더불어 타인의 실수에도 좀 더 너그러운 마음을 갖자.

이중 체크로
모호한 말을 가려내라

추억의 '사오정 시리즈' 하나. 사오정이 학교에 매일 지각을 했다. 화가 난 선생님은 말했다.

"벌써 몇 번째니? 당장 어머니 오시라고 해라."

사오정은 눈만 껌뻑이며 선생님을 바라봤다. 더 화가 난 선생님은 큰 소리로 말했다.

"당장 어머니 오시라고 하라니까!"

사오정은 금방이라도 울 것 같은 목소리로 말했다.

"어머니 옷…."

당신도 사오정이 될 수 있다

말귀를 못 알아듣는 사오정을 주인공 삼은 사오정 시리즈는 지금까지도 큰 웃음을 준다. 주변에 이런 유형의 인물들이 꼭 있기 때문이다.

내 친구 A도 그중 하나다. 어느 더운 날이었다.

"신라명과 아이스크림 먹고 싶다."

나의 말에 그녀는 눈을 동그랗게 뜨며 물었다.

"신라면이랑 아이스크림 같이 먹으면 맛있어?"

어느 날 모태 솔로인 A에게, 교포 스타일의 남자가 있는데 만나 보겠느냐고 묻자 그녀는 화를 버럭 내며 거절했다.

"얘! 조폭 스타일은 싫어."

사적인 관계에서야 이런 실수가 유쾌한 에피소드로 남겠지만 업무 상황에선 다르다. 전에 다니던 TBWA KOREA에서는 회사 이름을 TVWA라고 적은 우편물이 비일비재하게 쏟아졌다. 이런 우편물은 도무지 열어볼 마음이 들지 않았다. 옥외 광고를 주로 담당하는 '옥외매체팀'의 경우 이름이 제대로 적힌 우편물이 가뭄에 콩 나듯 했다. 잘못 적힌 이름 중엔 '오괴매체팀'이나 '5개 매체팀'이 주종을 이뤘다. 사소하지만 발신인에 대한 신뢰도와 호감도를 좌지우지할 수 있는 치명적인 실수다.

이런 류의 오류는 전화로 업무를 처리할 때 빈번히 발생한다. 특히 숫자를 둘러싼 실수가 비일비재하다. 미팅 날짜를 정할 때 30일과 31일은 얼마나 헷갈리는가. 전화번호를 부를 땐 1과 2가 얼마나 혼동되는가. 알파벳도 마찬가지다. 이메일 주소를 받아 적을 때 B와 V는 얼마나 구분하기 어려운가.

일단 업무상 전화를 할 때는 다른 일은 모두 접고 오로지 전화 통화에만 집중해야 한다. 자칫하면 놓치는 내용이 생기고 말을 잘못 알아듣는 일이 예사로 벌어지기 때문이다.

또한 전화상에서 중요한 약속을 할 때는 반드시 추가 설명이나 확인으로 '화'를 피해야 한다. 1은 '하나'라고 바꿔 말하고, 날짜는 해당 요일을 덧붙이면 서로 어긋나는 사고를 미연에 방지할 수 있다. B 같은 경우 "보이 할 때 비", D는 "도그 할 때 디" 등으로 확실히 해주는 게 좋다. 반대로 상대의 말도 중요한 정보라면 반드시 두 번 세 번 확인하길 권한다.

속뜻을 확인하라

맞벌이 부부다 보니, 내가 밥을 해서 먹는 것은 주말 정도다. 그래도 토요일, 일요일 총 '육시 육끼'를 해결하는 것은 나에겐 커다란 산과 같다. 나야 간편하게 밖에서 사 먹고 싶은 마음이 굴뚝

같지만 집 밥을 좋아하는 남편과 딸아이 덕분에 꼼짝 없이 밥을 해서 먹는 일이 많다. 냉장고 안을 쓱 들여다보곤 있는 재료로 뚝딱한 상을 차려내는 프로 주부라면 모르겠지만 칼질부터 서툴기 짝이 없는 내게 요리란 인풋 대비 아웃풋이 형편없는 괴로운 업무다.

남편은 이런 내게 툭하면 "밥 하지 마. 힘들게 뭘 자꾸 해. 대충 먹자"고 말한다. 그 말에 신이 나서 외식을 하러 나가자 하면 분위기가 급속히 썰렁해진다. 그럼 그렇지. 들었던 외투를 내려놓고 낑낑대며 밥상을 차려놓으면 "대충 먹자"던 남편의 얼굴에 금방 화색이 돈다.

"이번 된장찌개는 지난번보다 맛있다. 요리법을 바꿨어?"

"오이냉국 시원하네. 처음치고는 잘했는데?"

남편의 "하지 마"는 실은 "힘들게 요리해줘 고맙다"인 것이다.

남편이 자주 하는 말 중 "생각해볼게"라는 것도 있다. 나는 언제나 그 말을 '긍정'에 무게가 실린 뜻으로 받아들였다. 하지만 남편이 "생각해볼게"라고 답한 일이 OK로 귀결된 적이 거의 없었다. 딸이 "아빠는 거절하기 힘들 때 일단 생각해본다고 둘러댄다"고 귀띔해준 후에야 나는 남편의 "생각해볼게"가 "안 되겠다"임을 깨닫게 됐다. 무려 8년의 연애를 거쳐 결혼생활 14년차를 지나고 있는 지금에서야 남편의 '속뜻'을 읽을 수 있게 된 것이다.

직장에서도 비슷한 상황이 자주 발생한다.

TBWA KOREA 시절, 매달 무지막지한 양의 잡지와 신문이 쏟아져 들어오는 우리 팀에는 하루라도 택배와 우편물을 치우지 않으면 종이 더미가 태산처럼 쌓인다. 어느 여름, 일주일간 휴가를 가며 나는 밑의 직원에게 넌지시 말했다.

"힘들 테니 창고 한쪽에 쌓아두면 다녀와서 같이 치웁시다."

물론 나의 본마음은 '힘들겠지만 치워놓으면 예쁘지'였다.

일주일 후, 휴가에서 돌아와 보니 우편물이 정말 창고 한쪽에 엄청난 더미를 이루고 있었다. 하나라도 더 얹었다간 산사태가 나기 일보 직전이었다. 아니, 내가 말을 그렇게 하긴 했지만, 정말 그대로 실행하다니. 어쩌면 이렇게 센스가 없단 말인가. 자못 괘씸하고 서운했다.

한 번은 이런 일도 있었다. 일을 하던 중 머리가 너무 아파 옆 자리 직원한테 두통약이 있느냐고 물었다. 그녀는 "네"라고 대답하곤 계속 컴퓨터를 들여다보고 있었다. 나는 재차 물었다.

"두통약 있다며?"

그녀는 놀란 듯 반문했다.

"아, 달라고요? 말씀을 하시죠. 저는 그냥 있냐고만 물어보셔서…."

지각한 직원에게 부장이 "지금 대체 몇 시인가?"라고 물었더니 "지금요?"라며 시계를 봤다는 개그는 현실 속 '실제 상황'에서도 빈번히 겪을 수 있다.

고지식한 사람들이 흔히 저지르는 실수가 상대의 말을 곧이곧대로 받아들이는 것이다. 문장 그대로 해석하고 행동한 결과 결국 상대의 의중과는 전혀 동떨어진 피드백을 하게 된다. 커뮤니케이션을 효과적으로 해내려면 상대의 '숨은 뜻'을 제대로 읽는 게 관건이다.

지각했을 때 '지금 몇 시냐?'고 소리치는 상사는 현재 시간을 묻는 것이 아니다. 시간을 묻는 사람이 소리를 지르지는 않으니 말이다. 표정에서도 화가 묻어난다.

속뜻을 파악하려면 그 사람의 비언어적 신호를 감지하는 게 도움이 된다. 문맥과 상황, 맥락에도 주의를 기울여야 한다. 또한 평소 그 사람의 언어 습관이나 행동 패턴을 눈여겨보는 것도 애매한 상황에서 그의 '진의'를 파악하는 데 훌륭한 데이터가 되어준다.

빅 데이터는 기업의 마케팅 활동에만 필요한 것이 아니다. 예컨대 연령에 따라서 같은 말이 다른 의미로 쓰이기도 한다. 젊은 후배들의 '괜찮다'는 정말 괜찮다지만 상사의 '괜찮다'는 그렇지 않은 경우가 많다.

"두통약 있냐"고 묻자 책상에 물과 함께 두통약을 놓아주던 후배가 떠오른다. 그런 센스는 타고나는 것이긴 하지만, 평소 사람을 공들여 관찰하고 상대의 입장에서 생각하는 훈련을 한다면 그래도 발전의 여지가 있다.

그럼에도 불구하고, 상대의 진짜 뜻이 헷갈린다면 부끄러움을 무릅쓰고서라도 확인하길 바란다. "죄송하지만 ~란 말씀이신가요?"라고 말이다. 순간의 부끄러움이 거대한 실수 또는 업무상 과실을 막아준다. 더블체크는 진리다.

▶ 덧붙이는 말 : '우편물 사태' 사건 당일 저녁, 한 친구와 통화하며 속에 천불을 지른 그날의 사건을 이야기하자 친구는 딱 잘라 말했다.

"네가 잘못했네. 아랫사람이 윗사람 지시 따른 건데 그거 가지고 섭섭해하면 안 되지. 그럴 거면 처음부터 제대로 싹 치워놓으라고 지시하고 갔어야지."

그렇다. 십수 년간 같은 집에서 한 이불을 덮고 부대낀 가족 간에도 '진짜 속내'를 간파하기 쉽지 않은 터에 사무적, 업무적 관계에서 어찌 '아' 하고선 '어'라 알아주길 기대한단 말인가.

오해를 차단하고 본뜻을 제대로 전달하려면 '앞뒤겉속'이 모두 같은 말을 하는 것이 가장 효과적이다.

명질문에
명답이 돌아온다

    가끔 그런 일이 있는데, 누군가로부터 어떤 정보를 알아내야 할 때, 정말 친하고 허물없는 사이라면 툭 터놓고 물어보는 것도 좋다. 명심할 것은 나는 친하다고 생각해도 상대는 그렇지 않을 수도 있다는 확률을 무시하지 말라. 가재는 게 편이라지만 게도 그렇게 생각할까? 다니엘 페나크의 에세이 《소설처럼》에 보면 "조급하게 얻으려고 서두르지 않는 것이 곧 가장 확실하고 빠르게 얻는 길이다"라는 말이 나온다. 마찬가지로 친한지 아닌지 헷갈리거나 친하더라도 대놓고 물어보기가 껄끄러운 상황이라면 조급하게 진심을 던지기보다는 전략적으로 질문해야 한다.

    나는 인간이 본질적으로 선량하다고 생각하지 않는다. 상대가 뭔가를 원할 때 순순히 내어주는 사람은 그리 많지 않다. 내가 줄기차게 '진심'만으로 타인을 설득할 수 없다고 강력히 주장하는 이유기도 하다. 상대의 진심을 깔아뭉개거나 모른 척하거나 심할 때는 뒤통수를 치는 사람이 좀 더 많다는 게 내 생각이다. 대단한 수련과 오랜 훈련을 통해 그런 이기심을 누르는 높은 경지에 오른 분들을 제외한 보통의 사람 말이다. 연애에서 '밀당'이 강조되는 이유도 사람의 이런 속성 때문이다.

민감한 정보 캐내기

당신이 필요한 정보를 가지고 있거나, 당신이 도움을 받을 일이 생길 것 같은 사람이 있다면 평상시에 '관리'를 해두는 편이 좋다. 그럼 아쉬울 때 도움을 받기가 조금은 수월해진다.

평소에는 안부 한 번 묻지 않다가 아쉬운 일이 생겼을 때 갑자기 전화하면 상대는 당연히 먼저 의심의 빗장을 지른다. 생각해보라. 20년 동안 소식도 모르던 동창이 갑자기 한번 만나자고 전화를 해온다면, 필시 보험을 들라거나 돈을 빌려달라거나 하는 경우의 수가 먼저 떠오르지 않는가?

평소 관리를 해온 대상이라고 해도 당신이 아쉬운 티를 팍팍 내면 상대는 원하는 것을 선선히 내주지 않을 것이다. 세상에 그런 천

사는 흔하지 않다. 당신이 대단한 권력자라서 상대가 후일 당신에게 아쉬운 소리를 해야 할 입장이 될 가능성이 있다면 모를까. 물론 당신이 대단한 권력자라면 지금 내 책을 읽고 있을 리 없지만 말이다.

예를 들어보자. 회사 생활을 하다 보면 인사팀에서 정보를 얻어야 할 일이 꼭 생긴다. 인사팀의 기본 윤리강령 중 가장 중요한 것은 기밀유지다. 그 사실은 나도 알고 당신도 알고 인사팀도 안다.

자, 일단 회사에 들어가면 인사팀 중 한 명(두 명이면 더 좋고 세 명이면 더욱 좋다)과 반드시 안면을 트고 친분을 유지하라. 진실하게 사귈 수 있는 사람이라면 금상첨화다. '관리'의 스트레스 없이 관계를 유지할 수 있으니까 말이다. 설혹 영 마음에 맞는 사람이 없다 해도 어쩔 수 없다. 반드시 적어도 한 명은 확보해야 한다.

직급이 높은 사람은 정확한 정보를 많이 가진 반면 자기 단속이 철저해 정보를 얻기 어렵다. 반대로 직급이 낮으면 상대적으로 정보를 캐기 쉽지만 정보의 양과 질이 아무래도 좀 떨어진다. 그래도 없는 것보단 훨씬 낫다. 어쨌든 중요한 것은 인맥을 뚫어놓는 일이다.

다시 말하지만 회사 생활을 하다 보면 어느 순간 정말 필요한 인사 정보가 있기 마련이다. 나에게는 대단히 중요하지만 인사팀 담당자 입장에서는 그다지 중요도의 순위가 높지 않은 정보는 상대적으로 얻기가 쉽다. 그렇다고 처음부터 대놓고 물어보면 안 된다. 상대는 당장 경계경보를 울리고 문을 닫아버릴 것이다.

정보 입수차 만났다면 첫 질문은 무심한 것을 고른다. 그렇다고 사안과 전혀 무관한 사적인 질문은 생뚱맞다. 내가 정말 알고 싶은 정보와 어느 정도 관련이 있는 질문을 잽을 던지듯 가볍게 날린다. 그 후에 좀 더 관련이 깊은 잽을 날리고 그다음엔 진짜 질문을 던진다.

주의할 점은 '진짜 질문'을 할 때 갑자기 진지한 분위기를 잡거나 어조를 달리해선 안 된다는 점이다. 앞의 질문과 같은 정도의 톤과 매너를 유지한다. 어렵지만 정말 중요하다. 그 후 아주 가벼운 사적인 질문과 덕담으로 이야기를 마무리한다. 물론 쉽지 않다. 웬만한 연기력으로는 커버하기 어렵다.

또 한 가지 방법은 절대 먼저 묻지 않는 것이다. 진짜 알고 싶은 게 있을 때 오히려 묻지 않고 침묵을 유지해본다. 다른 사안은 물어도 정작 물어야 할 질문은 하지 않는다. 분위기만 조성하고 정곡을 찌르지 않는 것이다.

이 방법은 상대가 입이 가벼울 경우 잘 통한다. 상대가 스스로 입을 연다면 억지로 뭔가를 캐내려 할 때보다 훨씬 많은 정보를 얻을 수 있다. 자의에 의한 무장해제는 많은 정보가 딸려 온다. 이때도 표정관리를 잘해야 한다. 묻고 싶은 게 있어 안달이 났는데 일부러

변죽을 울리고 있다는 느낌을 주면 당장 아웃이다.

어떤 방법을 쓰든 가장 명심할 원칙은 나의 간절함과 조급함을 드러낼수록 답은 멀리 달아난다는 점이다. 무심한 듯 시크하게. 원하는 정보를 빠르게 얻는 비결이다.

질문력을 키워라

2010년 서울에서 열린 G20 정상회의 폐막식에서 버락 오바마 미국 대통령은 한국 기자들에게 질문권을 주겠다고 말했다. 그런데 웬일. 아무 질문이 나오지 않았다. 오바마 대통령은 "통역을 써도 좋다"며 친절하게 다시 한 번 권했다. 장내에 웃음이 터졌지만 여전히 질문은 나오지 않았다. 결국 중국 기자가 "아시아 대표로 질문하겠다"며 기회를 낚아채버렸다.

한국 대학에서 강의하는 외국인 교수들은 대부분 한국 학생들이 질문을 하지 않는 것이 이상하다고 입을 모은다. 이에 대해 전문가들을 주입식 교육의 폐해다, 질문을 못하게 막는 교육 환경이 문제다, 이런 질문을 해도 괜찮을까 남의 눈치를 보는 태도가 문제다 등 다양한 분석을 내놓는다. 아마도 '가만히 있으면 중간은 간다'는 사회적 분위기가 영향을 미친 게 아니었을까.

질문은 그 사람의 지식, 교양, 성격, 통찰력을 담고 있다. 다시 말해 당신의 질문은 당신의 수준이다. 누군가와 만나 대화를 할 때 나 PT, 강의와 같은 공개석상에서도 사안의 본질을 꿰뚫는 예리한 질문을 던지는 사람은 얼굴을 다시 한 번 보게 된다. 그리고 더 많은, 더 깊은 이야기를 나누고 싶어진다.

지난번 책을 내고 매체 5~6개와 인터뷰를 진행했다. 인터뷰차 만난 기자들은 실로 다양했다. 책의 핵심을 정통으로 갈파하는 질문을 던지는 사람이 있는가 하면 정말 이 사람이 기자가 맞는지 싶을 만큼 뜬금없는 질문으로 일관하는 사람도 있었다. 물론, 전자와 풍성하고 영양가 있는 이야기가 오갔음은 말할 필요도 없다.

제대로 된 질문을 하기 위해서는 사전 준비가 필수다. 질문력이란 결국 사전에 얼마나 준비를 제대로 해서, 얼마나 제대로 된 정보를 갖고 있느냐의 문제다.

충실한 인터뷰 기사는 웬만한 책 한 권보다도 깊이가 있고 농밀하다. 감동을 주는 인터뷰 기사도 많다. 이런 인터뷰를 뽑아내는 베테랑 인터뷰 전문 기자들을 보면 인터뷰 전에 준비를 엄청나게 한다. 예상 질문을 200개씩 준비하는 경우도 봤다.

당연하지만 좋은 질문을 해야 좋은 답을 얻어낼 수 있다. 또 좋은 질문만으로 내 뜻을 제대로 전달할 수 있다. 질문은 당신을 부각시키고 빛내줄 절호의 찬스다.

질문은 이렇게 해야 한다

가끔 점을 보러 간다. 우리나라에서 점집이란 사실상 '카운셀링'의 기능을 담당한다. 속이 답답할 때 점쟁이의 명쾌한 조언을 들으면 마음이 풀리기도 하고, 복잡했던 생각을 정리하는 데도 상당히 유용하다.

그런데 점을 보고 온 사람들 얘기를 듣다 보면 '질문을 왜 그렇게 하나' 답답할 때가 많다. "잘 맞추냐"고 물으면 "그건 잘 모르겠다"고 답하는 사람이 쌔고 쌨다. 아니, 거금을 내고 점을 보는데 제대로 맞추는지 아닌지 검증부터 해봐야 할 것 아닌가.

점쟁이가 내 과거를 맞추는 건 아무런 의미가 없다. 중요한 건 미래다. '용함'을 판가름하려면 질문을 기간에 따라 미리 준비해야 한다.

단기형 미래 예측 질문부터 일주일 내지 한 달 안에 판가름 나는 질문까지. 검증에 꼭 필요한 기본 질문이다. 일주일 뒤에 있을 조직개편 문제라든가 한 달 뒤에 있을 정리해고 대상자 리스트라든가, 기억하기 쉽고 빠른 시간 안에 확실히 검증되는 질문이 하나 꼭 필요하다. 그리고 1년 정도 뒤에 있을 질문을 하나 더 준비하고 나머지는 궁금한 것을 묻는다.

아예 종이에 단기형 미래 질문을 적어가서 물어보라. 잘 맞추는 집인지 아닌지 가늠할 수 있다. '뭐, 돈은 넉넉히 벌겠네'라는 답도 대충 넘기지 말고 "얼마나 버나요?"라고 되물어라. 그쪽의 '넉넉함'과 나의 '넉넉함'은 전혀 다를 수 있지 않은가. 천만 원대인지 억 원대인지 백억 원대인지 등 액수를 구체적으로 물으라. 점쟁이든, 선생님이든, 클라이언트든, 상대가 누구든 간에 대충 물어보면 대충의 답밖에 얻을 수 없다.

타깃을 제대로 짚으면
반응은 좋을 수밖에 없다

TBWA KOREA 사내보 '뜨브와'에 다음과 같은 글이 실린 적이
있다.

가정에서 학교로 보내는 가정통신문의 메인 타깃은 누구입니까?

학교로 보내는 거니까 당연히 선생님?

노노노! 가정통신문의 메인 타깃은 바로 이 사람입니다.

똑같이 어두운 교복을 입고

교복보다 더 어두워 보이는 미래를 향해 새벽 버스를 타는,

쉬는 시간 친구와 깔깔깔 웃다가 문득 알 수 없이 죄스러워지는,

내 부모가 이런 나를 어떻게 생각하실까

무슨 비밀이나 엿보듯 가정통신문을 가방에 넣기 전에 쓰윽 눈으로 읽게 될,

내 딸이 메인 타깃입니다.

타깃 설정에 확신이 들면,

메시지는 철저하게 그녀를 향해 집중합니다.

그게! 우리가! 늘 하는! 일이니까요.

-이원홍

당신이 학부모라면(혹은 아니더라도) 한번 생각해보라. 학교로 가정통신문을 가져가는 자녀는 담임에게 가정통신문을 내기 전에 분명 내용을 먼저 읽게 될 것이고 어쩌면 수십 장의 가정통신문을 뭉텅이로 받을 담임 교사보다 한 글자 한 글자를 더 마음에 새길 것이다. 그렇다면 '진짜 타깃'은 누구일까?

타깃팅이 실패와 성공을 가른다

제법 오래전, 국내 한 대형 가전회사에서 싱글족 또는 자취생을 위해 작고 앙증맞은 1인용 세탁기를 출시했다.

1인 독립세대가 많아지고 학교나 직장에 다니기 위해 자취하는 경우가 늘어나는 사회 변화를 발 빠르게 겨냥해서였다. 야심차게 제품을 출시한 이 회사는 강력한 마케팅을 퍼부었지만 제품 판매는 영 신통칠 않았다. '타깃'의 라이프 스타일을 고려하지 못한 게 패착이었다.

한 가구 세대나 자취생들은 빨랫감을 몰아뒀다가 한꺼번에 빠는 경우가 많아 오히려 대용량 세탁기를 선호했다. 자취하는 남성 직장인의 경우 속옷이나 와이셔츠를 십수 장가량 갖춰두고 일주일 내내 하나씩 돌려 입다가 한꺼번에 빨거나 세탁소에 맡기는 게 보통이었다.

고심하던 마케팅 팀은 '타깃'을 아기가 있는 가정으로 돌리기로 했다. 아기를 키워본 사람은 알겠지만 아기 있는 집은 정말 매일같이 빨랫감이 나온다. 아무리 속옷과 내복이 많다고 해도 하루에도 몇 번씩 갈아입혀야 하는데 버텨낼 재간이 없다. 그렇다고 손바닥만 한 내복 몇 장 빨자고 큰 세탁기를 매일 돌리는 것은 전기세, 수도세 차원에서 상당한 부담이 아닐 수 없다.

이에 착안한 해당 회사 마케팅 팀은 '1인용 세탁기'의 개념을 '세컨드 세탁기'로 바꿨고, 결과는 대성공이었다. 아기 엄마들의 열띤 호응은 물론이고 아기가 없더라도 걸레나 속옷 전용 세탁기로 미니 세탁기를 들이는 깔끔한 주부 고객이 적지 않았다.

타깃별로 접근하라

대학 시절 절친 중 영화광이던 친구가 있었다(이하 A라 하자). 인터넷이 흔하지 않고 영화평론가의 별점이 일반적이지 않던 때라 A의 영화 추천 평은 인기 만점이었다. A의 조언에 따라 영화를 선택하면 후회가 거의 없다는 게 친구들 사이의 중론이었다.

그런데 매일 친구와 붙어 다니다시피 하던 나는 좀 이상하다는 생각이 들었다. 똑같은 영화를 놓고 사람에 따라 다른 평을 하는 모습을 빈번히 목격했기 때문이었다. 예컨대 순이에게는 칭찬일색이던 영화를 순자에게는 영 별로라고 말하는 것이었다. 하도 의아해 A에게 그 연유를 물었다. A는 명쾌하게 답했다.

"순자는 그런 스타일의 영화를 좋아하지 않아. 어떤 영화 볼 건지 선택하려고 나한테 묻는 거잖아. 나는 평론을 하는 게 아니라 추천을 하는 거야. 그럼 영화 볼 사람의 성향과 취향을 고려해야지. 나는 물론 그 영화를 괜찮다고 생각하지만 아무리 강하게 추천해봐야 순자는 별로라고 할걸?"

A는 천부적으로 '타깃'의 개념과 중요성을 터득하고 있었던 것이다. 질문의 목표성을 정확히 알고, 타깃에 맞춰 영화를 추천하니 당연히 반응이 좋을 수밖에(A는 졸업 후 광고대행사 카피라이터로 취직해 천부적 재능을 활짝 펼쳤다).

광고에서 타깃은 매우 중요하다. 누구를 대상으로 하느냐에 따라 콘셉트가 달라지고 톤과 매너가 달라지고 모델이 달라지고 화법이 달라지기 때문이다. 가끔 클라이언트 중에 타깃을 물었을 때 "그냥요…"라고 답하는 경우가 있는데, 이는 식당에서 '아무거나'를 주문하는 격이다.

　타깃을 인구 전체로 잡을지, 20~29세 여성으로 정할지, 결혼한 40대 남성으로 겨냥할지는 광고의 기본이자 가장 중요한 요소다. 전달에서도 마찬가지다. 전달을 해야 하는 상대를 정확히 파악해야 효과적인 전달 전략을 짤 수 있다. 나이, 성별, 학력, 경제적 수준 같은 정보는 기본이고 취향이나 가치관, 성격을 안다면 설득의 방법은 더 명확해지고 분명해진다. 내 의견을 전달하거나 설득할 때 대상, 즉 듣는 사람이 누구인지 명확히 알아야 한다. 전달에서도 지피지기면 백전불태다.

PART 3

빠르게, 명확하게, 귀에 쏙 꽂히는 메시지 만들기

유쾌하고 발랄할수록
집중이 잘된다

[쓰레기 무단투기 금지 안내]
당 아파트 OOO동 1/2 라인 창밖으로 담배꽁초 등을 무단으로 버리는
사례가 계속 발생하고 있습니다.
계속해서 쓰레기가 버려질 경우 경찰의 협조를 받아 지문 채취 등 수사
의뢰할 수도 있사오니 피해가 없도록 협조하여 주시기 바랍니다.
　　　　　　　　　　　　　　　　　　　　 -OOO 아파트 관리소장

　대한민국의 일반 아파트 게시판에서 흔히 볼 수 있는 공고문
이다. 공권력까지 앞세운 관리소장의 '강력한' 의지 피력은, 안타까
운 일이지만 오가는 주민들의 시선을 거의 붙들지 못한다. 그런데
얼마 전, 인터넷에서 가히 대한민국 아파트 관리 업계의 혁신이라

할 만한 참신한 공고문을 발견했다.

[창밖으로 던져도 되는 것들]
우리 아파트 입주민 중에 창밖으로 담배꽁초를 던지는 입주민이 있습니다.
미관을 해치고 화재 및 안전사고의 우려가 있어 안내합니다.
무엇을 버려야 하는지 잘 몰라서 투척하는 행위라 생각하고 아파트 창밖으로
던져도 되는 것들을 알려드리니 꼭 참고하시기 바랍니다.

※ 아래 ※
1. 자기앞수표를 비롯한 유가증권
2. 당첨된 복권
3. 각종 귀금속류 [짝퉁은 안 됩니다~]
4. 천 원권 이상의 지폐 [물론 묶어서 버리셔도 됩니다~]
　*동전은 맞으면 안전사고의 위험이 있으니 정중히 사양

이와 같이 정하였으니 이외 담배꽁초 같은 것들은 버리는 일이 없도록 협조
부탁드립니다.

-○○○아파트 관리소장

　어떤가. 보고 또 보고 싶은, 보고 또 봐도 재미있는 센스 만점 공
고문 아닌가. 절로 미소를 부르는 이 게시물로 모르긴 몰라도 이 아
파트에서 담배꽁초 투기는 상당히 줄었으리라 짐작된다.

닫힌 귀를 여는 힘

극장이나 공연장에서는 영화나 공연이 시작되기 전 관객 주의사항이 나온다. 대표적 공연장인 LG아트센터에 뮤지컬 '프리실라'를 관람하러 갔을 때의 일이다. 그날도 뮤지컬 시작 전 어김없이 경쾌하고 낭랑한 목소리가 장내에 울려 퍼졌다. 보통은 웅성대는 소음에 안내 음성이 묻히기 마련이지만, 이날은 좀 달랐다.

오늘도 프리실라 버스는 관객 여러분 무도의 꿈과 희망을 싣고 호주 시드니를 출발해서 앨리스 스프링스까지 힘차게 달릴 예정입니다. 여러분의 즐겁고 편안한 여행을 위해 몇 가지 안내 말씀 드리겠습니다. 먼저 이번 여행 중에는 우리가 흔히 사용하지만 남들 앞에서는 사용을 절제하는 입에 착착 달라붙는 생활형 비속어가 많이 사용됩니다. 또한 으리으리한 몸매와 가창력을 가진 아주 특별한 언니들의 화끈한 노출과 사실적인 묘사로 승객 여러분을 아찔하고 짜릿하게 만들어드릴 예정입니다. 아무리 신나고 재미있어도 버스 운행 중에 끊임없는 중계방송이나 만담은 삼가주시고 리듬을 타면서 즐기시는 건 좋지만 앞사람의 좌석은 발로 차는 일이 없도록 해주시기 바랍니다.

솔직히 고백하자면 나는 평소 공연장에서 나오는 안내 방송에 귀를 기울여본 적이 없다. 나뿐 아니라 공연장을 찾는 관객 중 거의 대부분이 그럴 것이다. 그런데 이날은 안내 방송과 더불어 여기저기서 킥킥거리는 웃음이 새어 나왔다.

"공연과 주변 관객에게 방해되는 이런 행동 저런 행동은 하지 말라"는 일반 안내 방송과는 집중도가 비교할 수 없을 만큼 높았다. 관객 주의사항을 뮤지컬 내용과 엮어 설명해주니 공연에 대한 흥미까지 높아졌다. 공연 이후 만난 LG아트센터의 김선옥 하우스 매니저는 이처럼 참신한 안내 방송에 대해 다음과 같이 설명했다.

"제가 LG아트센터 개관 멤버인데, 공연 직전에 관객 주의사항을 아무리 방송해도 효과가 없더라구요. 공연이 끝나고 나면 비매너 관객 때문에 공연 관람에 방해가 됐다는 항의가 많았습니다. 그래서 여러 방법을 고심하다가 유머러스한 접근을 해보기로 했지요. 공연마다 관객이 다르고 특성이 다르니 대상에 따라 멘트를 각각 달리했고 유의사항을 방송할 때는 꼭 유머 코드를 넣었습니다. 그날그날 다르게 멘트를 해야 하니 언제나 녹음 아닌 생방송으로 진행했지요."

반응은 폭발적이었다. 일방적인 안내 멘트를 내보낼 때보다 주의사항에 귀를 기울이는 관객이 두드러지게 늘었다. 목소리를 알아듣고 인사를 하는 관객마저 있을 정도로 주목도가 높았다. 여기에 관람 태도까지 좋아져 공연 후 컴플레인이 크게 줄어드는 일석이조의 효과까지 있었다. LG아트센터는 이후 가수의 콘서트에서 해당 가수가 직접 주의사항을 방송하는 방법도 활용하고 있다. 자신이 좋아하는 가수가 직접 안내사항을 말하니 관객의 집중도는 당연히 최고조로 올라간다. 발라드 황제 신승훈은 콘서트에서 이렇게 방송했다고 한다.

잠시 후 공연을 시작하겠습니다. **우연한 만남**으로 **인연**이 되고 또 **운명**처럼 LG 아트센터를 찾아주신 관객 여러분 반갑습니다. **미소 속에 비친 그대**를 그리며, **햇살 속으로 걸어오셨**을 **어느 멋진 날**인데요. 5년 전 **그 후로 오랫동안** 기다려 오셨을 오늘 공연!
오랜 이별 뒤에 만난 **로미오와 줄리엣**처럼 **세상에서 가장 아름다운 사랑**을 할 수 있는 그런 시간 되시기 바라겠습니다. 공연 중에는 카톡이나 사진촬영, 녹음 같은 **내 방식대로의 사랑**은 하지 않도록 각종 전자기기의 전원은 끄시고 오늘만은 **보이지 않는 사랑**을 해주시기 바랍니다. 함께하신 모든 분들이 **순간을 영원처럼** 느낄 수 있도록 해주시기 바랍니다.

히트곡 제목을 굴비처럼 엮어 이렇게 재미있으면서도 강력하고 효과 만점의 멘트를 만들어냈다니 정말 놀라운 일이었다. 휴대폰 전원 꺼라, 공연 중 지나친 잡담은 삼가라, 허가 받지 않은 사진촬영은 불법이다 등의 금지어 나열이 아닌 생생한 현장감을 살린 내용과 유머로 확실한 한 방을 보여준 사례다.

최근에는 극장 관객 주의사항도 비슷한 경향을 보여준다. 영화 상영 직전 나오는 광고는 극장 광고의 골든타임이라 광고비가 비싸다. 과거 딱딱한 안내 멘트로 처리하던 관객 유의사항은 요즘 유머러스한 에티켓 광고로 엮어 팔린다. 여러 기업들이 여기에 적극 참여하고 있다.

강력하지만 유쾌하게

일상과 업무 중의 대화에서도 마찬가지다. 상대의 잘못된 행동이나 생각에 대해 정색을 하고 화를 내며 지적하기보다 유머를 적절하게 가미하면 100%는 아닐지라도 행동(또는 생각)이 수정될 확률이 훨씬 높다. 앞에서 소개한 '지하철 안내 방송'처럼 말이다. 기관사 아저씨의 지혜는 이후 나에게 여러모로 유용한 도움이 되고 있다.

어느 퇴근길 지하철 안, 내 앞에 선 아가씨가 타자마자 통화를 시작하더니 20분 이상 전화를 계속했다. 심지어 목소리도 컸다. 나와 아무 상관도 없는 그녀의 하루 일과를 시시콜콜 듣고 있는 것은 심히 괴로운 일이었다. 하루 종일 지친 몸과 마음, 지하철에서라도 아무 생각 없이 내려놓고 쉬고 싶은 마음만 간절했다.

"그랬더니 그 언니가 되게 부담스러웠나봐요. 오호호호호호호."

하이 톤으로 질주하는 웃음이 다 사라지기 전 나는 재빨리 그녀의 대화에 끼어들었다.

"하하하. 그러게요. 목소리가 너무 크셔서 저도 부담스러웠어요.

하하하하하."

아가씨는 예상치 못한 나의 말에 다소 당황한 표정이었지만 통화를 서둘러 끝내곤 쑥스러운 듯 속삭였다.

"아… 하하하, 죄송합니다."

앞서 마주한 모바일 게임 여성과는 사뭇 다른 반응이었다. 나 역시 원하는 바를 수월하게 달성했다.

어린 시절, 아침 조회 시간 교장 선생님의 훈화 말씀은 왜 그렇게 지루하기만 했을까. 새해 신년회 사장님의 신년사는 왜 귀에 하나도 들어오지 않을까. 실적 부진을 질책하는 팀장의 말은 왜 허공에서만 맴돌까. 뻔한 내용, 일정한 억양, 귀를 잡아끄는 한 방이 없기 때문이다.

유머야말로 주목도를 높이고, 나아가 행동 변화까지 이끄는 '강력한 한 방'이 될 수 있다. 물론, 적절하고 센스 있는 유머에 한해 말이다.

▶ **덧붙이는 말** : 그나저나 지하철에서 사적인 통화는 주변인을 참으로 괴롭게 한다. 아래 인용한 글에 그 이유가 소상히 나와 있다. 사생활을 생중계하고 싶으면 인터넷 방송을 이용하시길.

이러니저러니 해도 사람이란 주위에서 들리는 대화에 귀를 기울이게 돼 있어. 의식하지 않아도. 그렇게 해서 그 대화가 자신과 관련 있는 이야기인지, 재미있는 이야기인지, 내 흉을 보는 것은 아닌지 판단하는 거지. 그런데 휴대전화는 한 사람 말만 들려. 여기서 떠들어대는 사람 목소리만 들리고 상대방 발언은 알 수가 없어. 전체 대화 내용을 모른다고. 결국 자신이 따돌림당한다는 느낌이 드는 거지. 소외감. 그게 바로 사람을 초조하게 만드는 거야. 괜히 어설프게 한쪽 말소리가 들리다 보니 신경이 쓰이는 거라고.

-이사카 코타로, 《모던 타임즈》 중에서

유머는 분노도 잠재운다

회사에서 모 부장으로 인해 너무나 열을 받은 나머지 남편에게 문자를 보냈다.

나: 오늘 너무 열 받는다. 지난번에 TV에서 보니 시어머니랑 남편에게 청산가리를 매일매일 조금씩 먹여서 다 죽인 여자가 있던데 나도 청산가리라도 사서 OO 부장 커피에 타서 먹일까 봐. 조금씩 먹이면 부검하기 전에는 사인도 잘 안 나온대.

잠시 후 답 문자가 왔다.

남편: 안 들키게 잘해.

이런 반응을 기대한 것은 아니었다. 공감과 위로를 바랐건만. 남편은 다큐멘터리를 늘 예능으로 받아친다.

나: 그런데 그 사건 이후로 청산가리 사기가 더 어려워졌대. 주민번호도 남겨야 한다네.

이번엔 바로 문자가 날아왔다.

남편: 인터넷으로 구해봐. 우리나라에서 인터넷 쇼핑으로 안 되는 게 어디 있니.

피식, 코웃음이 나고 화가 누그러졌다. 내가 이렇게 무정한 사람과 산다고 동네방네 하소연하고 나니 언제 화가 났었냐는 듯 기분이 좋아졌다. 유머는 분노 조절에도 특효가 있다.

안 하느니만 못한 말
4가지를 기억하라

"그럴 수도 있고 아닐 수도 있고, 그럴 가능성도 높지만 꼭 그렇지 않은 경우도 있고, 그렇게 생각되면서도 만에 하나 아닌 경우도 생각해봐야겠지요."

누군가 당신의 질문에 이렇게 대답했다고 생각해보라. 어떤가? 그 사람에게 두 번 다시 뭔가를 묻고 싶은 마음이 들까? 아마도 아닐 것이다.

이처럼 오락가락하고 자신 없고 자신의 말에 책임을 지지 않으려는 면피성 태도를 함축한 어구가 바로 '~같아요'다.

물론 일상생활에서는 '같아요'가 약간의 겸손함을 담은, 또는 다소 완곡한 표현으로 사용되기도 한다. "팀장님이 그런 식으로 행동

하는 건 아닌 거 같아요"처럼 말이다.

아마추어로 보이게 하는 말

자신의 생각을 어필하지만, 필요 이상으로 강하게 말하지 않아도 될 때라면 뭐, 괜찮다. 강요하는 대신 부드럽게 말할 때도 '같아요'를 사용할 수 있다. 우리가 항상 강한 주장만을 하지는 않으니까 말이다. 하지만 필요 이상으로 '같아요'를 남발하는 것은 자신에 대한 신뢰감을 스스로 무너뜨리는 지름길이다. 특히 누군가를 설득해야 하거나 공식적인 자리에서라면 더 말할 필요가 없다. 스스로도 확신 없이 말을 하는데 타인이 어떻게 내 말을 수긍하거나 나아가 설득되겠는가. 150%의 확신을 갖고 열변을 토해도 내 말에 귀를 기울여줄까 말까 한데 말이다.

예를 들어보자. 백화점에 시계를 보러 갔다. 점원이 시계를 권하면서 말한다.

"이 시계가 좋을 것 같긴 한데…. 고객님에게 잘 어울리실 것 같기도 해요."

판매하는 당사자가 자신 있게 권하지 못하는 물건에 선뜻 지갑을 열 소비자가 있을까?

혹시 이 지점에서 공식 석상이나 PT 자리에서만 '같아요'를 사용하지 않도록 조심해야겠다고 다짐하고 있다면 정말이지 오산이다. 말은 습관이고 곧 생활이다. 한번 입에 밴 말투는 자신도 모르는 사이 튀어나온다. PT에 나서기 전 각본을 완벽히 외우고 무대에 섰다고 치자. 각본에 쓰여 있는 고대로의 대사가 나올 것 같은가? 천만의 말씀이다. 생각지도 않은 곳곳에서 평상시 언어 습관이 고스란히 불거져 나온다.

적어도 말에 관한 한 공과 사를 명확히 나눈 이중생활은 불가능하다. 사적인 자리와 공적인 자리에서 전혀 다른 말투를 쓰다 보면 결국 자아분열에 이른다. 대외적으로 좋은 모습, 우아한 모습만 보여야 하는 연예인도 이 때문에 어려움을 겪는다. 실제 모습과 다르게 행동하고 말하다 보면 내적 자아가 억눌리기 때문이다.

당신이 먹는 음식이 곧 당신이라고 했던가. 나는 이렇게 바꿔 말하고 싶다. 당신이 하는 말이 곧 당신이다. 이렇게 생각하면 좋지 않은 언어 습관은 한시라도 빨리 뜯어고칠 수 있다. 남들이 다 쓰는 말이라고 아무 생각 없이 따라 하지 말고, 아니다 싶으면 과감히 배제해야 한다.

참고로 겸손함과 자신 없음은 전혀 다른 장르다. 겸손함을 표현하고자 한다면 다른 어법이나 방식을 찾는 편이 좋다. 사실 "~같아요"라는 말이 겸손해 보이는 것도 아니다. 오히려 확신이 없거나 무책임해 보일 수 있다.

전부, 모두, 100%, 항상, 영원히는 다 거짓말

위의 제목에서 모순적인 한 글자가 있다. 찾았는가? 답은 '다'다. 이 역시 거짓말일 확률이 대단히 높기 때문이다.

개인적인 자리는 물론 PT 등 자신의 주장을 강조하고자 하는 자리에서 습관적으로 이런 과장성 강조어를 사용하는 사람들이 의외로 많다. 하지만 안타깝게도 이런 말들 역시 해당 콘텐츠의 신뢰도를 깎아먹는 주범이다.

공산국가도 아닌데 의견이 '만장일치'로 통일되기란 쉽지 않다. 100%의 확률이란 현실 세계에 거의 존재하지 않는다. '전부 동의하는 바다', '모두 같은 의견이다', '100% 확신한다'는 등의 말을 거듭하면 할수록 상대의 마음엔 불신의 그림자가 드리운다. '예외 없는' 법칙은 없기 때문이다. 듣는 이가 해당 주장에서 예외 사항을 단 하나라도 떠올리게 되면 말할 것도 없이 공감이나 설득은 물 건너간다.

한때 소속 팀의 본부장한테 밉보여 회사 생활이 힘들었던 시절이 있다. 겪어본 사람은 알 것이다. 윗사람에게 찍힌다는 것이 얼마나 괴로운 일인지 말이다. 내 자랑 같지만(자랑이다) 학창 시절 내내 선생님들한테 예쁨과 귀여움을 받았고, 직장에 들어와서도 상사에게 늘 칭찬과 격려를 받던 나로서는 실로 난감한 일이었다.

조직생활에서 가장 어려운 것이 바로 인간관계다. 상사에게 한 번 미운 털이 박히고 나면 무슨 일을 해도 미움을 받는다. 그즈음엔 매일 본부장에게 깨지는 것이 일상다반사였다. 특히 그는 나의 6시 정시 퇴근을 주로 문제 삼았다. 퇴근 후 아이를 돌봐야 하는 맞벌이 여직원인 나의 입장은 전혀 고려해주지 않았다.

광고대행사는 일이 바쁘게 돌아가는 편이고 일이 많을 때는 야근도 많이 한다. 하지만 상대적으로 내가 근무하던 미디어본부는 야근이 적은 편이고 특히 매체사와 함께해야 하는 일이 많기 때문에 나 홀로 야근을 한다고 해서 해결되는 일이 없었다. 따라서 나의 정시 퇴근은 전혀 문제가 되지 않았다(고 생각했다). 당시 상사 눈치를 살피며 10~20분 책상 앞에 더 앉아 있는 것은 비효율의 극치라고 생각했고, 할 일은 최대한 빨리 해치우고 6시가 되면 퇴근을 했다. 물론 지금도 이 견해에는 변함이 없다.

오해를 방지하기 위해 몇 가지 설명을 덧붙이자면 나는 출근 후 회사에 머무는 동안은 업무에 완전히 집중했고, 남자 동료들이 담배를 피우러 들락날락하는 동안에도 자리를 뜨지 않고 일을 했고, 할 일이 있을 때는 잡담 한마디 없이 일에만 열중했다. 물론, 필요한 경우에는 당연히 야근을 했다.

하지만 위에서 보기에는 내가 이기적이고 개인적이고 자기 생각만 하는 '아줌마'라 여겨졌던 모양이다. 물론 나도 퇴근 후 돌봐야 할 아이가 없다면 죽자고 정시 퇴근을 고수하지 않았을 수도 있다.

상사는 툭하면 내게 이렇게 힐난했다.

"그렇게 일찍 퇴근해도 괜찮나? 일이 빵꾸 나는 거 아냐?"

(일찍이라니? 나는 정시 퇴근을 한 거지 조퇴를 한 게 아니다. 일은 다 했다.)

"네 일만 다 하면 다냐?"

(우리 팀 업무 특성상 각자 고유한 업무를 나누어 갖고 있으니 서로 돕는다는 게 어불성설이라는 건 당신도 잘 알지 않나.)

"너는 팀 스피릿도 없냐?"

(팀 스피릿이 뭔지 정체는 잘 모르겠지만 내 일 다 끝내고 도울 일도 없는데 눈치 보며 남아 있는 게 팀 정신이라면 정중히 사양하고 싶다.)

"아무리 제 할 일 다 했기로서니 꼭 그렇게 일찍 가야겠냐?"

(아… 일찍이 아니라 정시 퇴근이라니까!)

물론 괄호 안의 대답은 멋쩍은 미소와 함께 꿀떡꿀떡 속으로 삼킨 말들이다. 일하는 부인을 두지 않은 남자 상사는 직장맘의 상황을 이해하기 어려울 것이다. 설혹 부인이 일을 한다고 해도 가사고 육아고 교육이고 죄다 부인에게 도맡기고 본인은 신경을 끄고 사는 남자 상사도 마찬가지다.

어차피 내가 뭐라 얘기를 하든 그 상사는 핑계나 변명이라고 생각할 테니 나는 그저 묵묵히 힐난을 참아 넘겼다. 그렇게 불려가기를 여러 번. 정말 무슨 수를 찾아야 하나 고민하던 차에 어느 날

그가 또다시 던진 비난은 그간 눌렀던 반발심에 훅 불을 질렀다.

"본부에 있는 사람들이 일찍 퇴근하는 당신 태도를 두고 다 그렇게 안 좋은 소리들을 한다. 다들 당신이 너무한다고 생각한다. 모두 그건 아니라고 하는데 왜 여러 번 말하게 하는 거냐."

다… 다들… 모두… 라고? 그럴 리가? 회사 사람들이 하나같이 대동단결 합심해서 나를 비난한다고?

적어도 이는 명백한 거짓말이었다. 본인의 생각을 확장하고 과장하는 대표적인 행태였던 것이다. 일단 아이를 가진 엄마들이 그렇게 생각할 리가 없다. 대한민국에서 워킹맘으로 살아가는 여성들은 알겠지만 베이비시터가 있다고 해도, 또는 친정어머니나 시어머니가 손을 빌려준다고 해도 퇴근 무렵이면 발을 동동 구르게 된다. 물론 그런 입장까지 세세하게 이해해주길 바라진 않았지만 '다들', '모두'라니 너무 심하지 않은가. 그날, 나는 그간 참아왔던 모든 말을 쏟아내며 상사와 한바탕 싸움을 치렀다.

그 뒤로 나는 '100% 확신'을 나타내는 단어는 사용하지 않게 됐다. 주장의 설득력과 신빙성이 확연히 떨어짐을 직접 체감했기 때문이다. 이런 단어는 나아가 그 근거에까지 의심을 갖게 한다. 설혹 내가 100% 가능성을 확신하는 경우에도 '대부분', '매우 많이'라거나 '예외적인 사항이 있을 수 있지만'이라는 안전장치를 건다.

'영원히' 사랑한다는 말이 얼마나 부질없는지 우리는 음으로 양으로 숱하게 겪어봐서 알지 않는가. 걸핏하면 '영원한 사랑'을 입에 올리는 사람은 오히려 바람둥이일 확률이 높다. 과장하지 말라. 신중히 말하라. 그것이 당신의 말에 신뢰를 더하는 비결 중의 비결이다.

너무가 너무해

'너무'라는 단어는 한때 부정문에만 사용할 수 있는 말이었다. 지나치다는 부정의 의미를 담고 있기 때문이다. 언제부터인가 '너무'를 너무 사용하더니 '너무'는 부정문뿐 아니라 긍정문에도 사용할 수 있는 단어로 바뀌었다(2016년 표준어 개정 관련). 표준어란 시대와 사용자에 따라 달라지기 마련이다. 표준어가 아니었다가도 많은 사람들이 사용하기 시작하면 표준어로 등극하기도 한다. 짜장면이 대표적 사례다. 입으로는 '짜장면'을 내뱉으면서도 글을 쓸 때는 '자장면'이라 쓰느라 자아분열이 이는 기분이었다. 이제는 자유롭다. '쭈꾸미'도 비슷한 상황인데 이런 추세로 가다가는 곧 표준어로 등극할 기세다. 하지만 '너무'는 별로 권하고 싶지 않은 단어다. 단순 명사의 경우 표준어로 정해지면 사용해도 무방하지만 강조와 관련된 부사는 색으로 치자면 일종의 보라색 같은데 지나치게 사용하면 촌스러워진다. 많은 것을 강조하다 보면 정작 강조할 것이 눈에 띄지 않고 노상 오버스럽게 말하는 사람처럼 보인다. 진짜 강조하고 싶은 경우에만 사용하자.

'되게'라는 단어도 업무상 별로 권하고 싶지 않다. 일상생활에서 사용하는 데는 무리가 없지만 공식적인 자리에서 사용할 경우, 프로페셔널해 보이지 않는다. 지나친 구어체의 남발이나 유아적인 단어를 많이 사용할 경우 신뢰감을 잃을 수 있으니 조심하자.

솔직히 말해서

어떤 말을 하기에 앞서 굉장히 신중을 기하는 척하며 이 말을 하기도 하는데, 그렇다면 앞서 한 많은 말들은 다 솔직하지 않았다는 걸까? 이런 말은 가능한 한 쓰지 말자. 그냥 매 순간 솔직하면 된다.

이 말과 더불어 자주 쓰는 말이 있다.

"이런 말은 안 하려고 그랬는데…."

안 하려고 했던 말이면 안 하면 된다. 이 말도 하지 말자. 어차피 말할 거면 그냥 하고.

논리가 완벽하다고
상대를 제압할 순 없다

TBWA KOREA 시절의 일이다. 옆 팀에 배치된 신입이 꽤나 똑똑하다는 소문이 돌았다. 스펙이 초우량인 것은 말할 것도 없거니와 입사 동기 중 빠릿빠릿함이 단연 발군이라는 것이었다. 피드백도 빠르고 업무를 익히는 능력도 출중하다는 평판이었다.

어느 날 이 '소문난 신입'과 업무상 통화할 일이 생겼다. 몇 차례 통화와 메일이 오간 후 그에게 최종 견적 메일이 왔다. 그런데 내가 전날 말했던 금액과 완전히 차이가 났다. 깜짝 놀라 그에게 전화를 했다.

"OO 씨, 이건 제가 말했던 금액과 다른데요. 뭔가 잘못되었나 봐요."

내 말의 마침표가 채 떨어지기도 전에 그는 따박따박 타이프를 찍듯 잘라 말했다.

"제가 어제 확인 차 이 금액으로 메일 드렸는데요. 다른 말씀 없으셨잖아요. 저는 분명히 확인 드렸습니다."

풀이하자면, "내가 분명 확인했는데 어제는 아무 말 없더니 왜 이제와 딴소리냐, 100% 당신 책임이다"라는 말이었다.

신입의 당돌한 말투에 기가 막혔지만 일단 전화를 끊고 문제의 메일을 열었다. 과연 메일 말미에 아주 작은 글씨로 금액이 적혀 있고 'VAT 포함'이라는 내용이 덧붙어 있었다. 나는 "VAT 별도"라고 말했는데 말이다.

무조건 논리만 내세우지 마라

물론 내 불찰이었다. 메일 본문에 확인해야 할 사항이 수두룩 빽빽 적혀 있어 내용을 위주로 메일을 확인했고, 논의했던 금액은 통화로 이미 공유된 내용이라 따로 확인을 하지 않았던 탓이다.

하지만 단언컨대 이 업종에 종사하는 사람치고 메일의 가장 끝에 그렇게 작은 글씨로 부가세가 포함된 금액이 적혀 있으리라 생각하는 사람은 없을 것이다. 그의 말에는 논리적 오류가 한 치도 없었지만 상당히 불쾌했다. 그래, 어디 한번 두고 보자는 '뒤끝'이 강하게 남았다.

며칠 후, 같은 프로젝트와 관련해 이 신입이 보내온 서류에 치명적인 오류가 발견됐다. 금액이 뒤죽박죽 다르게 적혀 있던 것이다. 엑셀 시트를 만지며 실수를 한 모양이었다. 옳거니, 잘 걸렸다. 그 뒤의 상황은, 독자들의 상상에 맡긴다.

소위 '똑똑이'들이 흔히 보이는 태도가 '논리가 만사'라는 태도다. 논리가 완벽하다면 상대를 제압하기는 일도 아니라고 믿는다. 그런데 빈틈없는 논리로 상대가 입도 뻥긋하지 못하게 눌러버렸다 해서 과연 그것을 승리라 할 수 있을까? 좀 지난 유행어를 빌리자면 천만의 말씀, 만만의 콩떡이다.

실은 나도 연차가 낮을 때 비슷한 함정에 빠져 살았다. 지금 생각하면 부끄럽기 짝이 없지만 세상에서 나만큼 똑똑하고 논리적이고 똑 부러지게 일을 하는 사람이 없는 것 같았다. 남들은 왜 그리 어리바리하고 계산이 흐린지 도무지 이해할 수 없었다. 그래서 허점이 보이는 상대를 보면 물샐 틈 없는 논리로 그를 궁지에 몰아넣곤 했다.

한 예로 매체사에서 세금계산서를 잘못 보낸 날에는 그 즉시 전화를 걸어 칼같이 오류를 지적하고 기필코 사과를 받아냈다. 심할 땐 공문을 써서 보내라고 닦달했다. 그게 일을 잘하는 것인 줄 알았다. 그러던 어느 날, 이번에는 내가 매체사에 보낸 서류에 큰 실수를 저지르고 말았다. 바로 며칠 전 내가 목소리 한껏 높여 잘못을 다그쳤던 이에게 역으로 고개를 숙일 일이 생긴 것이다. 내 전화를 받은 담당자는 작정한 듯 싸늘한 목소리로 "직접 회계 팀에 연락을 해보시죠"라며 전화를 끊었다. 얼마 전 나의 매서운 논리에 아무 말도 못하고 진땀만 흘리던 그는 내게 칼을 갈고 있었다. 나는 그저 싹싹 빌 수밖에 없었다. 죄송하다고, 잘못했다고, 한 번만 봐주시라고 말이다.

당연하지만 인간이라는 존재 자체가 완벽할 수가 없다. 논리에 빈틈이 없다고 해서 상대가 무조건 수긍하는 것은 아니다. 타인은 나에게 논리적으로 설득되지 않는다. 다만 힘의 논리에 의해 설득당한 척할 뿐이다. 타인의 마음을 움직이는 건 공감을 통한 감화다. 공감되면 논리가 미흡하다 해도 절로 마음이 간다.

이직을 결정한 후 회사에 잠깐 짐을 가지러 갔다. 마침 회사 주차창이 만차여서 주차를 할 수가 없었다. 일단 급한 마음에 건물 옆 거주자 우선 지정 주차 구역에 주차를 하려는데 누군가 내 차를 향해 걸어오는 것이 보였다. 아마도 근처에서 발렛 주차를 담당하는 사람 같았다. 불량한 걸음걸이로 다가온 그는 비딱하게 선 채로 나에게 차를 빼라고 손짓했다.

"여기 주차하시면 안 돼요."

순간 울화가 치밀었다. 아니, 그가 거주자 지정 주차 구역에 주차를 하라 마라 할 권리는 없지 않은가. 평소 같았으면 발렛 주차라는 게 사업자 등록도 하지 않고 현금으로 주차료를 받는 일종의 불법 사업이고, 게다가 이곳은 거주자 주차 구역이니 당신은 왈가왈부할 입장이 아니라고 쏘아붙였을 것이다. 하지만 나는 마음을 고쳐먹었다. 난처하기 그지없는 얼굴로 남자에게 호소했다.

"아저씨, 제가 이 동네 사정을 잘 몰라서 그만…. 그런데 제가 이 건물에 볼일 보러 왔는데요. 만차라서 차를 못 댔어요. 정말 딱 15분이면 되는데 잠깐 세울 수 있을까요? 15분 넘으면 제가 발렛 주차비라도 드릴게요. 정말 딱 15분이면 되거든요."

남자는 이 자리에 차를 대겠다는 사람이 하루에도 수십 명이라는 둥, 10분이라고 하곤 약속을 지키는 사람을 못 봤다는 둥, 자신이 결코 돈 때문에 그러는 게 아니라는 둥의 이야기를 늘어놨다. 그리곤 고맙게도 "딱 15분이에요!"라는 말을 남기곤 사라졌다.

잊지 말자. '설득' 면에 있어서는 감정이 논리보다 힘이 셀 때가 훨씬 많다. 화술의 대가 데일 카네기는 이렇게 말했다.

"우리는 감정을 가진 창조물을 상대하는 것이다."

사소한 인사나 감사를 잊지 말자

내가 딸아이를 임신했을 때만 해도 90일 출산휴가가 일반적이었다. 바쁜 팀의 경우 출산 후 한 달 만에 직장에 복귀하는 경우도 드물지 않았다.

요즘은 국가 차원에서 육아 휴직을 장려하다 보니 아이를 낳고 6개월에서 1년까지 휴가를 내는 후배들이 적지 않다. 물론 바람직한 현상이다. 하지만 회사 차원에서는 마냥 좋기만 한 일은 아니다. 어느 팀에서 누군가 6개월 출산휴가에 들어간다고 하자. 대부분 회사에서 6개월간의 공백은 별도 충원 없이 나머지 직원이 나눠 메꾸게 된다. 그만큼 업무가 가중된다는 뜻이다. 출산휴가가 당연한 권리이긴 하지만, 나머지 직원에게 분명 미안한 마음, 더불어 감사한 마음은 가져야 한다.

일부 '헛똑똑이' 여성들은 이 부분을 간과하곤 한다. 국가가 보장하는 내 권리를 찾는 일이니 전혀 미안한 일이 아니라고 생각하는 것이다. 그리하여 팀원들에게 제대로 인사도 하지 않고 당당히 출산휴가에 들어간다. 요즘 말로 '밉상 오브 밉상'이 되는 지름길이다. 말로 천 냥 빚도 갚는다는데, 왜 이런 인사를 못하나.

"긴 출산휴가 동안 뒷일을 잘 부탁합니다. 업무에 부담을 줘서 본의 아니게 정말 미안합니다. 복귀한 후 더 열심히 일하며 고마움을 갚겠습니다."

더불어 유관부서 사람들에게도 반드시 휴가 사실을 알리고 인사를 해두기를 권한다. 같은 팀은 아니더라도 업무상 얽혀 함께 일하는 사람들 말이다. 사소한 인사와 감사를 생략했다가 향후 조직 내 인간관계가 어려워진 사례는 정말이지 만리장성을 쌓을 만큼 많다. 많은 경우 감정이 결정하고 이성은 그 결정을 합리화한다. 반대로 사소한 인사와 감사는 당신의 인간관계를 풍성하고 단단하게 만드는 고효율 시멘트다.

출산휴가를 들어간다면 들어가기 전에 두루 인사를 하고, 복귀전에도 한 번쯤은 팀장에게 연락해 복귀 사실을 직접 말해두라. 정해진 날짜보다 먼저 살짝 들러 팀 분위기를 살펴보는 것도 좋다.

'만남 후 인사'도 인간관계를 다지는 훌륭한 방법 중 하나다. 업무상 미팅을 했다면 하루 정도 지나 '어제 만남이 즐겁고 뜻깊었다'는 문자를 보내보자.

외국에서 오랫동안 사업을 했던 여성 CEO를 만난 적이 있다. 미팅 후 일주일쯤 후에 회사로 그녀가 보낸 작은 꽃다발이 배달됐다. 꽃다발 속에는 '정말 소중한 인연을 만난 듯하다'는 카드가 들어 있었다. 그야말로 여성 CEO다운 감성 인사법이었다.

조직 차원에서도 마찬가지다. 예컨대 강의를 하기로 한 업체에서 강의 날짜에 앞서 하루 전쯤 담당자로부터 연락이 오면 이 회사는 뭔가 제대로 돌아가고 있구나 하는 인상을 받게 된다. 반면 당일 아침까지 연락이 없는 회사의 경우 십중팔구 강의 시간이 임박했는데도 준비가 제대로 되어 있지 않은 것을 여러 번 경험했다. 강의가 끝난 다음 날, 강의에 대한 솔직한 코멘트를 메일이나 문자로 보내주는 업체는 좋은 인상을 남긴다. 그런 직원이 많은 회사는 분명 잘되는 회사다.

잊지 말자. 인사와 감사는 많은 노력을 쏟지 않아도 효과가 확실한 훌륭한 소통법이다. 밉상으로 살 것인가, 인간관계의 달인으로 살 것인가. 선택은 당신에게 달려 있다.

'알고 보면 좋은 사람'이 되지 말라

"알고 보면 좋은 사람이야."

나도 꽤나 많이 들었던 말이다. 나는 이렇게 해석했다.

"걔가 처음 보면 까칠하지만 겪어보면 좋은 사람이야."

정말이지 칭찬인 줄만 알았다. '볼매(볼수록 매력 있다는 뜻)'로 인정받은 것 아닌가? 좋은 평이랍시고 나름 자부심까지 가졌다. '알고 보면 좋은 사람'이라는 말의 진짜 뜻을 알아차리기 전까지는 말이다.

'알고 보면 좋은 사람'이란 뒤집어보면 '알기까지는 좋지 않은 사람'이라는 말이다. 나의 실체, 즉 '생각보다 괜찮은 사람'이라는 진실을 상대에게 알리기까지가 시간이 걸린다는 뜻이다. 문제는 '그때'를 기다려주지 않는다는 데 있다. 내가 좋은 사람이 라는 걸 알기 전에 그 사람과의 상황이 종료되기 십상이다. '좋은 사람'임을 끝까지 모를 가능성이 높은 것이다.

흔히 첫인상이 중요하다고 한다. '첫인상'을 넘어 '진정한 실체'를 보여주기에 이 세 상은 너무 빨리 돌아간다. '말조심', '입조심'이 중요한 이유기도 하다. 당신의 말 습관이 당신의 첫인상을 좌우하기 때문이다.

p.s. 이 지면을 빌려 나를 미처 다 알지 못한 분들에게 호소하고 싶다. 저, 알고 보면 좋은 사람이에요.

'적당히'를 남발하면
결국 불통이 된다

친정어머니는 대명사 말고도 간혹 애매한 설명으로 나를 곤혹스럽게 하곤 했다. 특히 요리법을 알려주실 때가 그랬다(비단 우리 엄마만의 문제는 아닐 것이다).

신혼 초의 일이다. 결혼하고 맞은 첫 남편 생일. 난생 처음으로 미역국을 끓이는 미션을 수행하기 앞서 엄마에게 전화를 했다.

"엄마, 미역국을 끓이려는데 어떻게 해야 해?"

엄마는 대답했다.

"응, 미역을 적당히 물에 넣고 불리면 돼야."

적당히, 조금만, 살짝?

나는 큼지막한 보울을 꺼내 엄마의 지시대로 마른 미역을 '적당히' 담아 물에 불리기 시작했다. 30분쯤 후, 부엌으로 다시 돌아갔을 때 나는 비명을 지르고 말았다. 정말이지 엄청나게 불어난 미역이 금방이라도 싱크대를 타고 넘을 듯 넘실대고 있었기 때문이다. 조금 과장하면 미역귀신을 주인공으로 한 호러 영화의 한 장면 같았다. 대명사 때와 마찬가지로 요리 고수 엄마의 '적당히'와 말린 미역을 불리면 부피가 열 배 이상 늘어난다는 사실을 몰랐던 나의 '적당히'는 달라도 너무 달랐던 것이다.

야심차게 멸치 칼국수를 끓이겠다며 육수를 낼 때도 비슷한 상황이 발생했다. 엄마는 전화로 무심히 말했다.

"멸치를 쫌만 넣고 먼저 한소끔 팔팔 끓여라잉."

'쫌'이라. 나는 별다른 고민 없이 멸치를 서너 마리 집어 냄비에 넣고 물을 부었다. 그런데 이상했다. 아무리 끓여도 구수한 국물 맛은커녕 멸치가 수영하고 지나간 맛조차 나지 않았다. 나는 고개를 갸웃거렸다. 엄마의 원격 조언으로 끓였으니 엄마 손맛까지는 아니더라도 비스무리한 맛은 나야 할 것 아닌가? 멀건 국수를 말없이 훌훌 먹고 난 남편은 부드럽지만 단호하게 말했다.

"우리 다음부터 칼국수는 사 먹도록 하자."

그로부터 얼마 후. 프로 주부인 후배 집에 놀러갔는데 후배가 떡볶이를 해주겠다며 팔을 걷어붙였다. 그리곤 "멸치로 육수를 내면 맛이 끝내준다"며 멸치를 한 주먹 가득 그러쥐곤 웍에 투하했다. '마리'로는 따질 양이 아니었다. 엄마의 '쯤'은 저렇게나 많은 분량이었던가.

'애매한' 설명은 이처럼 삶에 지대한 혼란을 야기하기 십상이다.

미용실에서도 비슷한 사태가 종종 발생한다. 어느 날, 친구 소개로 찾아간 미용실에서 나는 헤어 디자이너에게 "조금만 다듬어 주세요"라고 청했다.

사사사삭! 싹둑! 싹둑!

'가위손'을 방불케 하는 번개 같은 속도의 가위질이 끝나고 난 뒤 거울에는 앞머리가 이마 중간까지 올라붙고 뒷머리는 뭉텅 잘려나간 낯선 여자가 앉아 있었다. 더도 덜도 말고 오래전 드라마 〈몽실이〉의 주인공 모습이었다. 나의 '조금만'과 미용사의 '조금만'의 차이에서 온 결과물이었다. 이후로 나는 미용실에서 항상 'cm'로 요청을 하게 됐다.

"앞머리는 0.5cm만 다듬어주시고요. 뒷머리는 3cm 잘라주세요."

단위도 정확하게

정확한 단위의 사용은 쓸데없는 논쟁을 잠재우고, 상대의 주관적 편견으로부터 서로를 해방시키며, 명쾌한 의사소통을 가능하게 한다. 그런데 단위를 사용할 때는 반드시 주의할 점이 있다. '정확'해야 한다는 점이다. 사소한 단위 실수가 비즈니스에서는 때로 치명적 결과를 낳기도 한다.

"관세청 수출입통계 못 믿겠네.

2012년 2월, 주요 종합지며 경제지에는 이 같은 제목의 관세청 질타 기사가 쏟아졌다. 전년 말 발표한 2011년 12월 무역수지 흑자 규모가 2조 원 가까이 부풀려져 있었다는 사실이 뒤늦게 밝혀졌기 때문이다. 연유인즉, 국내 한 철강업체가 수출 실적을 달러화가 아닌 원화로 관세청에 잘못 신고하면서 빚어진 촌극이었다. 업체 담당자가 실수로 '10억 원'을 '10억 달러(약 1조 1,645억 원)' 수출이라 기재한 것이다. '$'와 '₩'의 한 끗 차이가 몇 조 원을 좌지우지한 것이다. 업체 탓이라지만 발표기관인 관세청은 언론의 집중포화를 맞아야 했다.

선진국 미국, 그중에서도 최고의 브레인이 모여 있는 첨단 연구소 미국항공우주국(NASA)도 단위 실수로 인해 '인류 역사상 10가지 치명적 실수' 중 하나를 기록하는 오명을 남겨야 했다.

1999년, 화성 궤도에 진입하던 미국의 화성 탐사선이 폭발하는 사고가 발생했다. 탐사선을 제작한 록히드 마틴사가 무게 단위를 '파운드(lb)'로 우주선을 설계한 반면 NASA는 이를 '킬로그램(kg)'으로 착각해 진입 궤도를 계산한 데서 비롯된 어처구니없는 사건이었다. '사소한' 단위 혼동으로 1억 2,500만 달러(약 1500억 원) 예산의 프로젝트가 우주에서 산산이 공중분해 되고 만 것이다.

2000년 초 중국 상하이 공항에서 국내 K항공사 화물기가 추락한 사고도 비슷한 원인이었다. 조사 결과 부조종사가 중국의 고도 단위인 '미터(m)'를 '피트(ft)'로 착각해 하강을 시도했던 것으로 밝혀졌다.

다행히 우리 같은 보통 사람이 저지르는 단위 실수로 이 같은 참극이 빚어질 가능성은 거의 없겠지만, 정확하게, 분명하게 말하는 것은 일상에서도 비즈니스에서도 정말 중요한 요소다. 정확한 단위와 날짜·시간 확인으로 오해와 실수를 줄일 수 있고 소통도 훨씬 원활해진다. 사소한, 실용적인 예를 들어볼까 한다.

"김 대리, 이 건 빨리 좀 처리해줘"라고 지시해놓고 그가 일을 '빨리' 처리하지 않는다고 분통을 터뜨려선 곤란하다. 정확한 데드라인을 말하지 않은 탓이니 말이다.

"A는 오늘 오후 4시까지, B는 이번 주 수요일 근무시간 내로만 처리해줘요."

이렇게 말하는데 늑장을 부릴 만큼 간 큰 부하직원은 아마 없을 것이다. 참, 덧붙여 "그 시간 안에 일을 끝낼 수 있냐"고 물어봐 준다면 '나이스한 상사'라는 평판도 보너스로 얻을 수 있을 터다.

▶ **덧붙이는 말 :** "엄마, 소금은 얼마나 넣어?" "쬐끔만."
"쬐끔이 얼만큼이야? 1티스푼?" "아, 몰러. 대충 적당히 넣어."
요리 초짜 시절 친정어머니에게 백날 물어봐야 내가 필요로 하는 실질적 지침을 얻을 수 없음을 깨달은 나는 기본 요리만 잘 정리된 요리책을 하나 샀다. 물론 '정확한' 계량이 나와 있는 책이었다. 나름 오랜 수행 끝에 깨달은 진리는 요리에서만큼은 '적당히'가 정답이라는 점이다. 사실, 사람마다 입맛은 천차만별이기 때문이다. 요리는 결국 연습과 실전이다.

생각하는 속도와
말하는 속도를 맞춰라

옛날 옛적, 한 방송사 가요 프로그램에서 레전드급 립싱크 사고가 발생했다. 당대를 풍미하던 남자 발라드 가수가 분위기를 잡고 노래를 부르던 중 갑자기 노래가 테이프를 빨리 돌리듯 빨라진 것이다. 당황한 가수는 빨라진 속도에 맞춰 입을 바쁘게 움직였다. 음악이 끊기고 잠깐의 정적이 흘렀다. 다시 이어진 노래는 평속도를 찾는가 했더니 다시 2배속, 3배속의 속도로 돌아가기 시작했다. 가수는 넋 나간 표정으로 초고속 노래에 입을 맞춰보고자 진땀을 흘렸다. 정말 눈물 없이는 볼 수 없던 명장면이었다.

엇박자의 비극

글자를 모르던 어린 시절 책을 뒤적이다 내용이 궁금하면 엄마에게 읽어달라고 조르곤 했다. 주로 유아용 만화책이었던 듯하다. 엄마가 한 글자 한 글자 또박또박 읽어주는 것을 듣다 보면 빨리 다음 내용이 알고 싶어 어린 마음에 무척 답답했던 기억이 어렴풋이 남아 있다. 내가 한글을 또래보다 일찍 깨우친 것도 아마 그래서였던 것 같다. 스스로 책을 휘리릭 휘리릭 넘겨가며 마음껏 읽고 싶은 마음에 하루라도 빨리 글자를 배워야겠다고 다짐했던 기억이 난다.

딸아이가 어릴 적 책을 읽어줄 때도 비슷한 상황이 반복됐다. 요즘은 동화책도 어찌나 재미있게 잘 나오는지 아이 침대 머리맡에서 책을 읽어주노라면 다음 장면이 궁금해지곤 했다. 하지만 아이에게 책을 읽어주는 속도는 눈이 글을 읽어나가는 속도에 영 못 미친다. 낭독을 하다 보면 아무래도 속도가 떨어지기 때문이다. 그러면 나도 모르게 낭독을 멈추고 혼자 다음 페이지를 넘겨가며 낄낄거리는 일이 비일비재했다. 책을 좋아하던 딸아이는 그럴 때마다 "왜 엄마만 읽냐"며 화를 내곤 했다.

이런 상황은 뇌와 입의 속도 차에서 빚어진다. 입은 보통 뇌의 정보처리 속도를 따라가지 못한다.

청자, 즉 말을 듣는 사람은 분당 약 400개의 단어를 이해하는 반면 말을 하는 사람은 분당 약 125개의 단어를 말할 수 있다고 한다. 300개 가까운 차이가 나는 것이다. 뇌는 뛰는데 입은 긴다고 나 할까. 그렇다면 청자는 단어 275개에 이르는 공백 시간에 무엇을 하게 될까? '다른 생각'을 하게 된다. 가령 '아침에 나올 때 가스불을 껐던가?', '오늘 점심에는 칼국수를 먹을까 자장면을 먹을까', '저 여자는 머리부터 발끝까지 깔맞춤을 하다니 너무 촌스럽잖아?' 등등 온갖 상념이 흘러가는 것이다.

물론 이는 화자가 말하는 125개 단어를 모두 듣는다고 가정할 경우다. 화자가 말하는 125개 단어 중 무의미하거나 영양가 없는 내용이 많다고 판단된다면 집중력은 더욱 떨어지고 받아들이는 단어 수도 형편없이 적어진다. 다른 생각이 비집고 들 틈이 훨씬 많아지기 때문이다.

더구나 외적인 변화도 사람들의 집중력을 저하시키고 있다. 연구에 따르면 10년 전만 해도 보통 성인의 평균 집중 시간은 12분 정도였던 데 반해 현재는 5분 정도에 불과하다고 한다. 통신 기술의 발달도 상당한 원인을 제공했다. 문자, 이메일, 트위터, 페이스북, 네이트온, 카카오톡 등 우리가 하루 평균 접하는 단문 메시지는 약 5천 건에 이른다는 조사가 있다. 업무를 할 때도, 회의를 할 때도, 독서를 할 때도 숱하게 맥을 끊어놓는 메시지에 우리의 집중력은 점점 짧아지는 추세다.

내 말에 집중하지 않는 사람을 설득한다는 건 불가능하다. '짧고 굵은' 전달의 기술을 연마해야 하는 이유가 더 명확해진다. 집중력이 5분 미만으로 떨어지고 있는 시대에 맞춰 짧은 시간에 메시지를 확실히 전달하는 힘을 기르는 것은 선택이 아닌 필수다. 핵심을 간결하게! 군더더기까지 덧붙일 시간이 없다.

설화(舌禍)를 막는 법

중국 속담에 '병은 입으로 들어오고 재앙은 입에서 나온다'는 말이 있다. 실로 진리의 명언이다. 동서고금을 막론하고 세 치 혀를 잘못 놀려 화를 입은 사례는 이루 헤아리기조차 어렵다. 예로부터 혀는 최대의 '화근(禍根)'으로 꼽혔다. 내 주변에 국한된 현상인지는 모르겠으나 말로 천 냥 빚을 갚기보단 말실수로 돌이킬 수 없는 치명타를 입는 경우를 훨씬 많이 봤다. 나 역시 말실수로 인해 중요한 사람을 잃은 경험이 있다.

입만 열면 분위기가 싸해지는 사람, 할 말 안 할 말을 통 가리지 못하는 사람, 잦은 말실수로 툭하면 인간관계나 업무에서 트러블을 일으키는 사람. 식상한 비유지만 엎질러진 물을 담을 수 없듯, 한 번 꺼낸 말은 '무화(無化)'할 수 없다. 아무리 밤에 자리에 누워 애꿎은 이불에 하이 킥을 해본들 '없던 말'로 만들 수는 없는 것이다.

거의 모든 사람이 무심코 말을 내뱉곤 '아차, 이 말을 하면 안 됐는데' 하고 후회해본 경험이 있을 것이다. 이 역시 뇌와 입의 속도 차이에서 야기된다. 입이 생각을 제치고 앞서 나가다 문제가 되는 것이다. 머릿속에서는 분명 제어를 한다고 하는데 말은 벌써 입을 떠나 있는 경우가 많다. 아이를 혼내며 '너무 심한가' 하면서도 언어폭력에 가까운 비난을 퍼부어본 경험, 있지 않은가?

"넌 대체 누굴 닮아 그러니?"

"바보 같은 소리 하지 마라."

"네가 지금 몇 살이니?"

"넌 잘하는 게 뭐니?"

"네가 하는 일이 다 그렇지."

"내가 너 때문에 못살아!"

많은 육아서에서 '자녀에게 절대 해서는 안 될 말'로 꼽는 대표적인 말들이다. 뜨끔해지는 분이 많을 것이다. 엄마들이 모인 커뮤니티 사이트에는 날마다 아이(혹은 남편)에게 심한 말을 해놓고 후회하고 자성하는 글들이 숱하게 올라온다(물론 나 역시 여기에서 자유롭지 않다). 이유는 여러 가지겠지만 내 나름대로 분석한 말실수의 원인은 이렇다.

첫째, 침묵을 견디지 못해서다. 대화가 끊기고 침묵이 흐르면 대부분 불안해진다. 안절부절못하다가 침묵을 깨고 대화를 이어가기 위해 무슨 말이라도 하려다 보면 하지 말아야 할 말까지 쏟아놓기 쉽다. 잊지 말자. 해서는 안 될 말을 한 후 밀어닥칠 후폭풍을 감당하는 것보단 어색한 침묵을 견디는 편이 육체 건강, 정신 건강에 이롭다.

둘째, 분위기에 휩쓸리는 경우다. 내 이야기에 귀를 기울이는 사람을 만나면 자신도 모르게 기분이 업되어 넘지 말아야 할 선을 넘기 쉽다. 주목과 관심은 앞에선 꿀처럼 달콤하나, 그 후환은 더없이 쓰고 때론 치명적이다.

셋째, 욱하는 성질 때문이다. 누군가로부터 공격을 받거나 상대가 자신의 약점 혹은 콤플렉스를 건드렸다고 생각되면 방어기제가 발동한다. 말은 빨라지고 언성은 높아진다. 이건 스스로의 약점을 공개하는 것이나 마찬가지다.

성질을 못 이겨 할 말 못 할 말 가리지 못하고 쏟아놓아 봤자, 주장을 관철시키기는커녕 상대에게 안 좋은 이미지만 남길 뿐이다. 화가 미칠 듯 치밀어 오른 상황이라면 차라리 잠깐 나가서 마구 소리라도 지르고 오라. 분노의 무게를 이기는 자에게 '무탈'의 월계관이 주어진다. 그런데 현실에서는 대화 중 자리를 박차고 나가기 어려운 경우도 많다. 나는 이럴 때 심호흡을 하거나 웃기는 장면을 상상한다. 화를 터뜨리며 말실수를 하느니 차라리 반응을 하지 않는 것이 낫다. 아무 말도 안 한다고 해서 큰 일이 나는 경우는 단언컨대 없다.

'노코멘트'라는 말도 금물이다. 노코멘트가 곧 인정으로 간주되는 세상이다. 곤란한 화제에 대해서는 입을 꾹 다물고 아무 말도 하지 않는 것이 가장 확실하다.

생각하는 속도, 말하는 속도를 스스로 제어할 수 있어야 전달력을 높일 수 있다. '셀프 립싱크'가 필요하다는 뜻이다. 말은 할수록 속도가 붙고, 양이 불어난다. 속도가 붙은 말에 생각 없이 입을 얹어버리면 반드시 큰 사고가 난다. 입이 뇌의 통제권을 벗어나지 않도록 주의하라. "별생각 없이 말했다"는 변명은 면죄부가 될 수 없다. 먼저 생각하고, 후에 말하라.

PART ④

능력자로 거듭나는
필살의 전달법

"어떻게 되어가고 있어?"가
나오기 전에 보고하라

어릴 적 즐겨 듣던 옛날이야기를 떠올려보자. 등장인물과 배경 설명이 나오고 갈등의 서막이 오른다. 갈등이 심화돼 최고조에 올랐다가 통쾌하게 해소된다. 앞부분은 이야기가 정점에 이르는 후반부를 위한 포석이다. 클라이맥스를 돋보이게 만들기 위한 장치가 치밀하게 깔리는 것이다. 이야기, 즉 동화나 소설의 재미를 확실히 살리는 구조다. '기—승—전'이 정교하게 조직되고 여러 가지 포석과 복선이 얽히고설키면서 호기심과 상상력을 자극한다. '기—승—전'이 탄탄하게 받쳐줘야 '결'이 빛을 발한다.

Rule 1 결론부터 말해라

경쟁 PT도 비슷한 측면이 있다. 마치 한 편의 쇼처럼 앞에서 잘 깔아주고 받쳐줘야 결론이 돋보이고 논리적인 궁극의 솔루션으로 비춰진다. PT의 보편화 때문일까, 업무 보고를 할 때조차 기승전결 방식을 고수하는 이들이 적지 않다.

무슨 말이 하고 싶냐고? 결론부터 말하겠다. 결론부터 말하라!

업무 보고를 기승전결 방식으로 하면 듣는 사람이 지친다. 하루에도 여러 차례 몇 건씩 보고를 받아야 하는 사람의 입장을 생각해 보라. 기에서 승, 승에서 전까지의 내용을 어느 세월에 다 듣고 있나. 업무 보고만큼은 미괄식이 아닌 두괄식이 필수다. 과감히 결론부터 딱 여는 것이다. 보고 받은 이가 가장 듣고 싶어 할 내용을 먼저 밝히고 그 뒤에 이유와 배경을 간략히 설명한다. 잊지 말라. 업무 보고는 소설도, 쇼도 아니다. 명확한 결론과 군더더기 없는 배경 설명, 이것이 포인트다.

Rule 2 먼저 상대를 알라

상사에 따라 보고 주기를 달리해야 하듯 보고를 할 때 가장 유념해야 할 점은 보고를 받는 상사의 직급과 성격이다.

직급을 고려하는 이유는 하루에 보고 받는 보고 건수를 가늠할 수 있기 때문이다. 직급이 높을수록 보고 받는 건수는 많아진다. 즉, 보고가 더 짧아야 한다. 직급이 높을수록 내가 하고 있는 현 업무에 대한 파악 정도는 떨어질 수 있다(큰 그림에 주력해서 보기 때문이다). 상대가 내 보고 내용에 대해 어느 정도의 이해를 하고 있는지를 세밀히 전제로 하고 보고 내용을 작성해야 한다.

처음부터 현업을 함께하고 있는 상사에게는 지나친 세부 설명이 필요 없다. 반면 나와 직급이 차이 나는 고위 임원에게는 맥락을 짚어가며 꼭 필요한 부분이 들어가도록 보고를 해야 한다. 짧으면서도 요점을 짚어야 하는 만큼 쉽지 않다. 따라서 사전 요약이 필요하다. 무작정 보고에 임하지 말고 어느 부분이 꼭 들어가야 하는지 머릿속에 미리 한 번씩 그려보라.

만약 사전 정보가 없는 임원에게 보고를 해야 한다면 보고 내용이 머릿속에 쏙 들어가도록 간결하고 쉽게 보고를 해야 한다. 나의 지식을 자랑하는 발표회가 아닌 마당에 보고를 듣고 임원의 머리가 더 복잡해지고 결정을 내리기 어려워진다면 결코 잘한 보고라 할 수 없다.

Rule 3 중간보고는 필수다

또 하나 잊지 말아야 할 사항이 중간보고다. 업무 지시가 떨어졌다 치자. 일을 완벽히 하고 싶은 욕심에 오더 받은 임무를 모두 끝낼 때까지 입을 꾹 닫고 있는 이들이 의외로 많다. 지시를 내린 상사로서는 속 터지는 일이다. 시작은 한 걸까, 잘 되어가고 있나, 언제까지 완료될 수 있을까 등등 궁금한 게 무척이나 많지만 참고 기다린다. 행여 지나치게 참견하는 것처럼 보일까 봐 또는 너무 성미 급한 상사로 여겨질까 봐, 일을 시켰으니 일단 기다려줘야 할 것 같아서 등등의 이유다.

지시 받은 입장에서는 오더 받은 바를 완벽히 끝내서 '짜잔~' 내놓겠다고 생각할 수 있다. 또는 자신의 탁월한 업무 능력을 과시하고 싶다는 마음이 앞서거나 혹은 행여 지적을 받을까 봐 소심한 마음이 들어서일 수도 있다.

하지만 업무 보고는 마술쇼가 아니다. 깜짝쇼는 필요 없다. D데이에 임박해 '짜잔~' 하고 결과물을 내놓았는데 만약 방향이 영 아니라면 어쩔 것인가. 금쪽같은 시간은 시간대로 쓰고 처음부터 일을 다시 해야 하는 불상사가 발생한다.

말하지 않아도 아는 것은 오리온 초코파이 광고에서나 가능하다. 책 앞부분에서 강조했듯 관념의 전수는 불가능하며 상사의 마음을 완벽히 이해하는 것은 불가능하다. 이 문제를 극복할 방법은 오로지 지속적인 소통을 통해 방향성을 맞춰가는 것이다. 여기에 꼭 필요한 것이 중간보고다. 일단 이러이러한 방향으로 키를 잡았고, 이런 방식으로 진행시키려고 한다. 그리고 예상하건대 언제쯤 완료될 것이다 등의 보고를 해야 하는 것이다. 또한 상사에게도 업무를 수정, 세련화시킬 시간을 줘야 한다. 업무에 '완벽'이란 없다. 설령 100%를 해냈더라도 상사의 연륜과 지혜를 더해 150%의 성과물로 거듭날 수 있는 것이다.

물론 예술작업이라면 얘기가 다르다. 예술작품을 만드는 일이라면 나의 제작 의도나 콘셉트를 남과 상의할 필요도 없고 허락을 받지 않아도 되며 시간에 구애받지 않고 마음 가는 대로 예술혼을 불태우면 된다. 오직 결과물의 퀄리티로만 승부하면 되는 것이다. 하지만 회사일은 예술행위가 아니다. 마감이 있고 기한이 있고 결정권자가 있다. 내 마음대로 할 수 있는 것은 단 하나도 없다.

물론 업무를 하면서 모든 사항을 시시콜콜히 물으며 결정 장애가 있는 사람처럼 굴라는 이야기는 아니다. 적어도 시작 시점에 한 번, 중간에 한 번 그리고 결론 도출 정도로 보고를 해주는 게 적당하다. 업무 지시를 내린 사람이 궁금하지 않게, 불안하지 않게. "어떻게 되어 가고 있어?"라는 질문이 나오기 전에 말이다. 조급증이 있는 상사라면 보고 주기를 좀 더 짧게 가질 것을 권한다.

Rule 4 통보하지 말라

회사에서 보고를 하는 가장 중요한 이유는 결정권이 나에게 없기 때문이다. 보고는 상사가 좋은 결정을 내릴 수 있도록 아랫사람으로서 해야 하는 의무 중의 하나다. 그런데 가끔 '보고 = 통보'로 잘못 알고 행하는 경우가 있다. 주변에 팀장으로 승진한 사람들이 흔히 하는 하소연 중 하나가 바로 이 부분이다. 팀원들에게 보고를 하라고 했더니 혼자 다 결정을 내려놓고 일방적으로 '통보'를 하면서 마치 보고를 하듯 말한다는 것이다.

시간이 다 지나버려 다른 결정을 내릴 수 없거나, 대안을 생각할 수 없는 시점에 하는 보고는 보고라고 할 수 없다. 상사와 의견이 다르거나 내 결정이 완전히 그릇된 것이라면 어쩔 셈인가. 설령 잘된 결정이라고 해도 독단적인 통보로는 상사의 믿음을 얻기 어렵다. 상사의 믿음 따위는 아무래도 상관없다는 독불장군이 아니라면 보고 시점에 유념해야 한다. 내용의 경중을 살펴 어떤 것을 보고하고 어떤 것을 넘겨도 되는지 결정하는 것은 각자의 센스에 달렸다.

다시 한 번 강조하지만 특히 소설 읽기에 매진했던 여성이라면 반드시 주의하기 바란다. 보고는 결코 소설이 아니라는 점. 따라서 권선징악도 사필귀정도 잊어야 한다는 점을 말이다. 멋지고 유려한 기승전결 구조는 버리고 결론부터 명쾌하게 내리는 훈련을 하라. 소설 꽤나 읽어 치웠던 내가 신입 시절 무수히 저질렀던 실수라 하는 말이다.

사소하지만 중요한 보고 노하우

1. 한 TV 프로그램에서 '지식인의 함정'이라는 취지로 이런 실험을 진행했다. 한 사람에게 헤드폰을 끼워주고 아주 익숙한 노래를 들려준다. 가령 '나리 나리 개나리', '떴다 떴다 비행기' 등 대한민국 국민이라면 거의 누구나 알고 있는 단순한 동요 말이다. 그러면서 그 리듬에 맞춰 손가락으로 책상을 두드리도록 한다. 이 경우 리듬을 듣고 노래를 맞출 사람은 얼마나 될까?

리듬을 치는 사람에게 그 수치를 예상해보라고 하면 거의 '100%'라고 말한다. 본인이 듣는 노래는 누구나 학창 시절 배웠을 쉬운 곡이기 때문이다. 그런데 리듬을 듣는 사람 쪽으로 카메라를 돌리면 예상과는 정반대의 광경이 펼쳐진다.
듣는 사람에게 헤드폰 낀 사람이 두드리는 리듬은 도통 알 수 없는 모스 부호처럼 느껴진다. 대체 이 노래가 뭐냐고 웅성거린다. 이 광경에 '리듬 수행자'는 황당하고 답답하다는 표정을 짓는다. 어떻게 이렇게 쉬운 노래를 모르냐는 표정이다. 하지만 높낮이가 없는 두들김만으로 노래를 유추하는 것은 사실 정말 어려운 일이다.

보고를 준비할 때 대상이 신규 사업이나 신제품이라면 보고의 전제부터 달라져야 한다. 본인이 신규 사업이나 신제품 담당자일 경우 오랜 시간 준비를 하다보면 자신은 내용에 대해서 거의 완벽하게 파악이 된다. 따라서 자세히 설명해야 할 부분을 그냥 건너뛰거나 대충 말하고 넘어가는 실수를 범하기 쉽다. 왜? 자신은 충분히 알고 있고, 너무 많이 보고 들어서 지겨우니까. 하지만 보고를 받는 상대가 나와 같은 수준의 정보를 갖고 있지 않다면 이런 보고는 치명적인 실수다. 보고를 받는 사람이 결정권자라면 이런 식의 보고에 잘못된 결정을 내리거나 판단을 유보하

TIP

기 쉽다.

따라서 상대가 해당 내용을 잘 모른다는 전제를 명심하고 보고서를 작성하고 설명을 해야 한다. 내가 알고 있는 사항을 상대도 알고 있다는 근거 없는 확신은 버려라. 보고를 할 때는 상대의 정보 수준을 반드시 사전에 체크해야 한다.

전에 마이크로소프트사의 뉴스레터를 만든 적이 있다. 한 달에 한 번 발행하는 그 뉴스레터 교정일이 다가오면 늘 그 업무와 관계없는 사람들이 마지막 교정을 한 번 씩 보곤 했다. 이미 그 내용을 알고 있는 사람이 교정을 보면 자신도 모르게 잘못 쓰인 부분을 맞게 읽거나 지나치게 마련인데 내용을 잘 모르는 사람이 읽다 보면 오타를 정확히 잘 짚기 때문이었다. 기존에 갖고 있는 정보의 수준이 다르면 받아들이는 게 이렇게 달라지는 것이다. 지식인의 함정에 빠지지 않기 위한 마음가짐은 보고에 앞서 매우 중요한 요소다.

2. 현재 다니고 있는 홍보대행사 함샤우트는 대표가 두 분이다. 두 분은 업무 보고를 받는 스타일이 완전히 다르다. 한 분은 이메일 보고를 요구하고, 한 분은 대면 보고를 선호한다. 보고는 철저히 받는 사람의 취향과 스타일에 맞춰야 한다. A상사는 데이터를 이메일로 보내는 것을 선호하고 B상사는 프린트된 보고서를 선호한다면 그에 맞는 보고를 준비하라. 상사가 시각적 자료를 선호한다면 보고서를 최대한 화려하고 자세하게 만든다. 청각적 보고를 선호하는 상사에게는 보고서 자체보다 내용을 간결하게 브리핑하는 데 집중한다.

상사나 대표가 나를 이해해주기를 바라지 말라. 상사(혹은 대표)가 나에게 가장 중요한 클라이언트라 생각하라. 고객의 성향과 취향을 파악해야 보고에서 좋은 평가를 얻을 수 있다.

결혼 전, 남편이 나에게 한 말이 있다. "친엄마 같은 시어머니, 친딸 같은 며느리를 기대하니 고부갈등이 깊어지는 것 같다. 그런 기대 버리고 그냥 시어머니를 클라이언트라고 여기고 그렇게 대해. 그럼 아마 별 문제 없을 거야."

남편은 요즘 이렇게 말한다.

"너는 시어머니만 클라이언트지. 나는 마누라까지 클라이언트다."

하기사. 남편은 굳이 말하자면 클라이언트라기보다 협력업체 직원에 가까운 듯하다. 조금 미안해진다.

PT에서 호응을 얻으려면
눈맞춤부터 해야 한다

　한때 사회인 합창단에서 활동했던 적이 있다. 봉사 활동을 위주로 하는 모임이었다. 곡이 정해지면 악보를 익히고 가사를 외운다. 가사를 외우기까지 혹은 곡을 완전히 해석하기 전까지는 음정에 맞춰 건조하게 노래를 부르지만, 곡 해석이 끝나면 단원 모두가 같은 감정을 표현하기 위해 매진해야 한다. 그런데 노래에 감정을 싣는 일은 생각보다 어렵다. 머리로는 이해가 되는데 입으로는 잘 표현이 안 된다. 프로 가수들도 감정을 담아 노래하는 데 엄청난 공을 쏟아야 한다는데, 하물며 건조하고 팍팍한 삶을 살아가는 '사회인'들이야 오죽할까.

눈을 맞추면 마음이 통한다

당시 지휘자는 기계적으로 노래하는 우리에게 특단의 조치를 취했다. 옆 사람 눈을 바라보며 노래를 하라는 주문이었다. 처음엔 마뜩치 않았다. 눈을 본다고 안 나오던 감정이 나오겠는가 말이다. 탐탁찮은 표정으로 옆 사람을 마주하고 노래를 하려는데, 이게 예상외로 쉽지 않았다. 별생각 없이 고개를 돌렸는데 2초 이상 옆 사람과 눈을 맞추고 있기가 힘들었던 것이다. 금세 웃음이 터져 나왔고 쑥스러움에 고개를 반대 방향으로 돌리고 말았다. 나는 그래도 양반이었다. 아예 눈을 쳐다볼 생각조차 못하고 얼굴만 빨개지는 사람이 속출했으니 말이다.

돌이켜보니 다른 누군가의 눈을 바라보며 노래한 적이 없었다. 혼자 흥얼거릴 때야 말할 것도 없거니와 노래방에서 다른 사람들과 노래를 부른다 해도 노래방 화면 가사에서 눈을 뗄 일이 없다. 합창단 연습에서도 지휘자 손끝만 바라봤던 터였다. 비단 나만 그런 것은 아닐 것이다. 타인의 눈을 바라보며 노래를 하는 경험은 분명 일반적이지 않다.

우리는 지휘자의 호된 호통을 들으며 눈맞춤을 연습했다. 그렇게 몇 달이 지난 후, 단원들은 서로 자연스럽게 눈을 보며 노래를 하게 됐다. 그 파급력은 대단했다. 무대에 섰을 때 우리는 서로 옆 사람,

건너 사람, 앞뒤 사람, 나아가 청중과 눈을 맞추며 노래를 했고, 풍부한 감정을 주고받았다. 물론, 노래의 감동은 몇 배로 증폭됐다.

흔히 눈을 '마음의 창'이라고 한다. 눈을 맞춘다는 것은 내 마음을 보여주는 일이다. 동시에 상대의 마음을 들여다보는 일이다. 다시 말해 직접적인 '교감'의 통로를 트는 일이요, 감정의 주파수를 맞추는 일이다.

눈맞춤에도 급수가 있다

노래뿐 아니라 대화도 마찬가지다. '상대의 눈을 바라보며 이야기하라'는 화술 강의의 단골 메시지다. 사회 초년생 때는 그 조언을 자신감의 표명 차원에서 받아들였다. '나는 이 말을 꼭 하고야 말테다' 혹은 '이렇게 설득하고 말 테다'라는 각오로 최면(또는 싸움)을 걸 듯 이글거리는 레이저 눈빛을 쏘며 상대의 눈길을 쫓았다. 지금 생각하면 실로 1차원적인 눈맞춤이었다. 내가 할 말만 쏟아내는 일방적인 태도였기 때문이다. 이런 태도로는 교감을 얻기 어렵다. 시간이 흐르며 좀 더 자연스러운 눈빛을 보내게 됐지만 그럼에도 나의 눈맞춤의 근간에는 '너는 어떻게 생각하는지 어디 할 말 있으면해봐'라는 교만함이 깔려 있던 것 같다.

대화의 진정한 고수는 상대의 눈을 쫓는 것이 아니라 따뜻하게 시선을 잡아끈다. 일말의 어색함 없이 진실한 따뜻함으로 상대의 반응을 반긴다. 억지로 설득하려 하지 않아도 상대의 맞장구가 늘고, 저도 모르게 고개를 끄덕여지게 한다. 눈맞춤으로 공감과 교감을 이끌어내는 것이다. 물론, 이 경지에 이르려면 엄청난 노력과 훈련이 필요하다.

드라마에서 연기자들은 대부분 상대의 눈을 바라보며 연기한다. 사랑고백을 할 때도 일상 대화를 할 때도 눈빛을 교환하며 대화를 나눈다. 하지만 우리의 일상을 떠올려보자. 아침 식탁에서 엄마와 이야기를 하며 엄마의 눈을 바라본 적이 있던가. 부부간에 대화를 할 때 눈을 맞춘 적이 있던가. 아이의 학교생활을 물을 때 아이와 눈동자를 마주한 일이 언제였던가. 동료와 눈을 마주쳐본 일은 언제였던가.

우리의 일상은 드라마보다는 다큐멘터리와 가깝다. '인간극장'이나 '부부가 달라졌어요' 류의 다큐멘터리를 보라. 서로 눈을 보며 대화하는 가족이 정말 드물다. 보통 눈을 마주한 채 이야기하는 경우는 한창 연애 중인 연인이나 갓난아기를 돌보는 엄마 정도나 될 것 같다. 뒤집어 말하자면, 우리가 매일 나누는 대화의 상당 부분이 마음이 닫힌 채 이뤄진다는 뜻이다.

눈을 마주치는 게 뭐가 그리 대수인가 싶은 생각이 든다면 당장 실험을 해보라. 누군가와 회사에서 업무상 대화를 나눌 때 시선을 피해보라. 상대 어깨 너머 다른 곳을 바라보면서 대꾸를 해보라. 상대의 불쾌감이 당신의 얼굴에 내리꽂힐 것이다. 누군가 당신에게 그런 태도를 보인다면 당신 역시 상당한 모욕감에 휩싸일 것이다.

때로 너무 바쁜 나머지 모니터에서 눈을 떼지 못하고 누군가의 말을 듣게 되는 일이 있다. 이 역시 의도적이 아니었다 해도 불쾌감을 주게 된다. 이런 일이 반복되면 당신이 대화를 나누고 싶지 않은 사람이 되는 것은 시간문제다. 언제나 눈을 보고 말하라. 눈을 맞춘다는 것은 "어서 말을 해봐요. 나는 당신의 말을 들을 준비가 되어 있답니다"라는 따뜻한 마음을 전하는 일이다.

집중을 받고 싶다면 눈을 맞추라

PT를 처음 할 때 사수로부터 귀가 따갑게 들었던 말은 '키 퍼슨(key person)'을 찾아서 반드시 눈을 맞추라는 것이었다. 대부분은 PT장 가운데 앉아 있는 사람이나 가장 나중에 들어오는 인물이다. 어느 회사나 의사 결정권자는 바쁘기 마련이다. PT를 받으러 들어와서도 다른 사안을 생각하거나 고민하느라 머리가 복잡한 경우가 다반사다. 성의 있게 나의 PT 내용을 들어주기를 기대하는 것은 무리라는 뜻이다. 그럴 때 눈을 마주치면 상대의 집중력이 순간 상승한다. 눈이 마주친 상태에서 다른 생각을 하기란 쉽지 않으니 말이다.

꼭 강조해야 하는 부분, 의사결정에 아주 중요한 대목을 설명할 때는 '중요 인물'과 눈을 마주치라. 눈으로 상대의 공감을 확인하고 넘어가라. 내 말이 제대로 먹혔는지 반드시 짚고 가라.

PT에서는 의사 결정자의 뇌리에 중요 메시지를 확실히 심는 것만큼, 전반적 호응을 끌어내는 일도 중요하다. 이를 위해서는 객석에 앉은 청중 모두와 '눈맞춤'을 적절히 할 수 있어야 한다.

듣는 입장에서 생각해보자. 강사와 일대일로 눈이 맞는 순간 그 강의는 대중이 아닌 나에게만 하는 이야기처럼 들리게 된다. 강의를 하는 입장에서도 말문을 열기 전에 관중 한 사람 한 사람과 눈을 맞추면 분위기를 파악할 수 있고 듣는 이의 마음을 여는 효과도 있다.

공개 코미디 방송인 '개그 콘서트'나 '웃음을 찾는 사람들'을 보면 사전 바람잡이라고 해서 본격적인 공개방송 전 짧은 시간 동안 분위기를 푸는 개그맨이 등장한다. 자청해서 방청을 신청하고 어렵게 줄을 서서 방청권을 받고 자리에 모인 관중을 대상으로 공연을 할 때도 사전 워밍업이 필수인 것이다. 청중의 마음을 열어두고 본 게임을 시작해야 더 많은 웃음이 터지기 때문이다. 본 방송보다 사전 바람잡이 공연이 더 재미있는 경우도 왕왕 있다. '비방용'인 만큼 개그맨들이 개인 기량을 마음껏 발휘하고, 방송국에서 전략상 정말 센 개그맨을 포진시키는 까닭이다. 간혹 신인이 이 역할을 맡기도 하는데 이 자리에서 열면 호응을 얻어내는 개그맨 중 상당 수가 성공적으로 데뷔를 하고 정상 가도에 안착하는 경우를 숱하게 목격했다. 끼로 뭉친 프로들이 방송을 하거나 공연을 할 때도 이렇게 사전 바람잡이가 필요할진대, 강의나 PT라면 더 말할 것도 없지 않은가.

PT 무대에 섰다면 전체적으로 눈을 맞추고 가벼운 이야기로 분위기를 환기시키거나 반응이 좋을 듯한 한두 명을 골라 농담이나 질문을 던져보라. 본 PT의 성공 확률이 높아질 것이다. 단, 무리한 시도는 역효과를 부를 수 있으니 분위기 띄우는 기술에 익숙지 않다면 전반적인 아이 컨택 정도로 PT를 시작하도록 한다.

한 가지 팁을 더 선사하자면, PT 중 정말 강조해야 하는 부분에서는 그에 앞서 말을 멈추고 일시 정지(pause) 시간을 갖는다. 마치 방송 사고라도 난 듯한 정적 속에 관중의 시선이 집중된다. '일시 정지' 찬스를 이용해 내용을 강조하는 것이다. 물론 빈번히 써먹으면 극적 효과 대신 'PT 무능력자'로 낙인찍힐 위험이 있음을 잊어선 안 된다.

1안을 돋보이게 하는
2안을 준비하라

아주 오래전, 결혼을 앞둔 친구와 함께 지금은 고인이 된 디자이너 앙드레김의 아틀리에를 찾았다. 친구가 앙드레김의 웨딩드레스를 꼭 입고 싶어 했기 때문이다. 단정한 원피스 차림의 비서는 웨딩드레스 때문에 왔다는 우리를 소파로 안내한 뒤 이렇게 말했다.

"선생님이 일단 신부님 딱 보시고 영감이 떠오르면 스케치는 하나만 하세요. 대안은 없어요. 그냥 그 디자인으로 하셔야 해요."

아니, 어떻게 그럴 수가. 평생 (보통은) 한 번뿐인 결혼식, 결혼식의 하이라이트인 웨딩드레스를 맞추는데 선택지가 달랑 하나라니 황당한 일이었다. 비서는 당황한 표정의 우리에게 방긋 웃으며 덧붙였다.

"그래도 신부님들 모두 만족해하세요. 드레스 하시려면 서두르셔야 해요."

당신은 앙드레김이 아니다

아니나 다를까. 비서가 슬쩍 보여준 드레스 예약 명단은 길고도 길었다. '대가' 앙드레김의 명성과 권위를 믿고 단 하나의 스케치안을 받아들인 것이다. 친구는 결국 다른 드레스숍을 찾았지만 말이다.

본론은 이제부터다. 대안 없는 유일한 제안을 밀어붙이려면 앙드레김 정도는 되어야 한다. 당신이 앙드레김 급의 명성이나 평판, 권위를 갖지 못했다면 상대에게 어떤 안을 제시할 때 반드시 대안을 준비해야 한다.

광고대행사에서도 어떤 안을 제안할 때 반드시 고객사(클라이언트)의 취향과 예산을 고려한 대안을 마련한다. 콘셉트와 금액을 달리해 한 가지 안과 대안 또는 1, 2, 3안을 제시하는 것이다. 상대를 정확히 파악해 이른바 '취향저격'을 해낼 자신이 있는 능력자면 모르겠지만, 그런 인물은 만화에서나 나오는 법이다. 다른 비즈니스에도 다를 바 없다. 업무를 성사시키려면 반드시 대안을 함께 내밀어야 한다.

전 회사에 다닐 때 한 달 동안 리프레시 휴가를 가게 됐다. 황금 같은 휴가에 뭘 하면서 지낼지 고민하다가 아이를 데리고 미국에 다녀오기로 했다. 마침 미국에 살고 있던 후배에게 메일을 보냈다. "한 달 휴가 동안 네가 살고 있는 지역에서 머물까 하는데 초등학생이 재미있게 다닐 만한 한 달짜리 캠프가 있을까? 공부 캠프 같은 건 말고."

그로부터 정확히 사흘 뒤 후배로부터 답 메일이 왔다. 메일에 첨부된 PPT 파일에는 한 달 단위로 등록할 수 있는 놀이 캠프 10개의 기간과 금액 그리고 특징이 간결하게 적혀 있었다. 이어지는 장에는 캠프 성격과 비용(고가/중가/저가)을 중심으로 짠 한 달간의 휴가 플랜 3개 안이 제시돼 있었다. 감탄을 부르는 전직 AE다운 휴가 제안서였다. 당장 캠프 주선 회사를 차려도 모자람이 없었다. 잘 짜인 대안은 신뢰를 더한다.

전략적 대안이 승률을 높인다

그런데 대안 제시에도 전략과 전술이 필요하다. 내가 생각한 '정답'을 선택하게 하려면 정답과 비교되는 대안이 필요하다. 가령 1안을 미는 경우 2안과 3안을 통해 1안이 자연스럽게 부각되도록 하는 것이다.

이때 유념해야 할 점은 '자연스럽게' 해야 한다는 것이다. 영어에 '더프(DUFF: Designated Ugly Fat Friend)'라는 단어가 있다. 매력적인 여자가 자신이 돋보이도록 '일부러' 대동하고 다니는 뚱뚱하고 못생긴 친구를 뜻한다. 더프를 들러리로 세우는 것은 자신의 이기심을 위해 친구를 도구로 이용하는 저열한 행위다. 의도가 빤히 보이는 '수작'은 결코 좋은 결과로 이어지지 않는다.

대안을 제시할 때도 마찬가지다. 자신이 미는 1안을 통과시키기 위해 형편없는 2안을 내놓는다면 상대는 이를 꼼수로 받아들이게 되고, 오히려 역효과가 날 수 있다. 따라서 1안을 부각시키는 2안을 마련할 때는 비슷한 장점을 가지되, 1안보다 살짝 덜 우수한 안으로 기획해야 최고의 효과를 낼 수 있다.

특정 안을 미는 경우가 아니라면 1안과 대안의 장단점을 분명하게 설명한다. 클라이언트가 충분한 설명을 듣고 신중히 안을 선택할 수 있도록 하는 것이다.

또한 상대에게 선택을 유도할 때는 일정한 기준을 제시하는 것이 좋다. 기준이 없으면 어떤 안이 더 좋은지 판단하기 어렵기 때문이다. 특히 전문가가 비전문가에게 어떤 안을 제안하는 경우, 제안하는 측과 제안 받는 측이 가진 지식과 이해도에 큰 차이가 난다. 이럴 때는 전체적인 맥락을 짚어주는 과정이 필수인데, 제한된 시간 동안 모든 내용을 다 설명할 수 없으니 대표적인 예를 들어 이해를 돕도록 한다. "이 분야는 내가 전문가이니 묻지도 따지지도 말고 내가 제시하는 안을 수용하라"는 태도보다는 "전체 그림이 이러저러한 상황에서 생각할 수 있는 대안은 1안과 2안인데 내가 추천하는 안은 두 번째 안"이라고 접근하는 것이 승률을 높이는 비결이다.

적어도 문제 많아도 문제다

식당에 가면 보통 식당 측의 추천 메뉴로 구성된 런치세트나 디너세트가 있다. 식사 세트 메뉴 구성의 중요한 기준은 가격이다. 일반적으로 저가, 중가, 고가 메뉴가 제시되는데 가장 주문이 많은 것은 보통 중간 가격대의 메뉴다. 너무 싸지도, 너무 비싸지도 않은 '적당한 가격'이라는 심리적 안정감과 만족감을 주기 때문이다. 비즈니스 식사 접대에서도 마찬가지다. 가장 낮은 가격의 메뉴를 시키자니 좀 없어 보이고, 가장 비싼 메뉴를 시키자니 가격이 부담스러우니 보통 중가 메뉴를 고르게 된다.

적당한 기준은 결정 장애를 타파하는 가장 효과적인 솔루션이다. 사람들은 기준이 주어지지 않을 때, 혹은 너무 많을 때 결정에 큰 애로를 겪는다. 식당의 세트 메뉴가 50가지쯤 된다고 생각해보라. 밥을 먹을 때마다 50가지 메뉴 중에서 하나를 선택해야 한다는 건 오히려 고문에 가까울 것이다.

홈쇼핑에서 세트로 파는 옷은 보통 3~4가지 색상으로 구성된다. 더 많은 색상이 제시될수록 취향이 제각각인 소비자를 더 많이 공략할 수 있으니 매출이 올라갈까? 결코 그렇지 않다. 이럴까 저럴까 우왕좌왕하다 방송이 끝날 때까지도 선택을 못하게 되는 일이 훨씬 많을 것이다.

컬럼비아 대학의 심리학자 시나 아이엔가가 수행한 고전적인 '잼 선택' 실험은 이를 여실히 증명한다. 아이엔가는 마트에서 잼 시식행사를 얼어 소비자들에게 스물네 가지 잼을 보여줄 때와 여섯 가지 잼을 보여줄 때 구매 의사결정이 어떻게 달라지는지 살펴봤다. 손님들은 여섯 가지보다 스물네 가지 잼의 시식코너에 더 많이 몰려들어 관심을 보였다. 이 광경만 보면 가짓수 증가가 고객을 만족시키고 매출 상승으로 이어질 것이라 생각하기 쉽다. 하지만 매장 조사자가 개인의 구매 여부를 일일이 추적해보니 여섯 가지 잼을 맛본 손님 중 30%가 잼을 구입한 반면 스물네 가지 잼을 구경한 손님 중 실제 구매 비율은 고작 3%에 불과했다. 다양한 잼의 가짓수가 구매를 늘리기는커녕 되레 고객을 훼방했다는 뜻이었다. 아이엔가는 "더 많은 대안이 소음을 일으켜 오히려 집중력을 방해한다"며 '선택의 과부하'가 걸림돌이 될 수 있음을 지적했다.

중학교에 입학한 딸아이도 같은 문제를 접했다. 체육대회 때

입기 위해 단체 반 티셔츠를 정하는데 첫날 담당한 학생이 인터넷 쇼핑몰에서 자그마치 70개나 되는 티셔츠 후보를 가져온 것이다. 70개의 후보 가운데 반 티셔츠를 정하느라 의견만 분분할 뿐 도무지 결정될 기미가 보이지 않았다. 70개에서 시작해 10여 개까지도 어찌 어찌 줄여나갔지만 그 이후로도 다양한 의견만 올라오고 결정은 되지 않았다. 체육대회 날짜는 다가오는데 정해지지 않자 담임 선생님이 무조건 하나를 정해 반 전체 게시판에 올려버렸다. 그러자 또 난리가 났다. 이래서 마음에 안 든다, 저래서 이상하다, 지난번에 봤던 게 더 낫다 등등 끝나지 않을 토론을 지켜보다 못한 딸아이는 결단을 내렸다.

"아무래도 내가 나서야겠어. 후보를 딱 세 개만 올려야지. 색깔이랑 스타일이랑 완전히 다른 걸로 딱 세 개만 보여주고 바로 투표에 붙여야겠어."

흠, 가르쳐주지 않아도 적정한 대안의 수치를 직감적으로 알고 있는 듯해서 뿌듯했다.

대안 있는 인생이 행복하다

대안은 업무상 문제가 발생했을 때도 빛을 발한다. 클라이언트와 일을 하다 보면 애초 계획대로 일이 풀리지 않을 때가 있다. 이럴 경우 무조건 불가능하다, 안 되겠다고 버티는 대신 "1안이 어려우니 1-1안을 생각해볼 수 있고 아예 다른 방향으로 2안을 추진해볼 수 있다"고 제안할 때 해결점을 훨씬 빠르게 찾을 수 있다. 최선의 답 혹은 최고의 답대로 일이 진행되지 않는다고 해서 프로젝트를 접을 수는 없는 노릇이다.

대안이 없는 인생은 얼마나 절망적인가. 오로지 하나의 답을 향해서만 떠밀려가야 한다면 그 삶은 실로 답답할 것이다. 업무에도 인생에도 숨통을 틔워주는 대안은 꼭 필요하다.

누구나 무결점 PT
할 수 있다!

"연습하라."

뭔가 솔깃한, 새로운, 엄청난, 혁신적인 비결을 기대한 분들은 아마도 대단히 실망했을 것이다. 아니, 완벽한 PT의 비결이 '연습'이라니, 너무 뻔하고 당연한 소리 아닌가? 마치 '밥을 먹으면 배가 부르다' 혹은 '열심히 공부하면 성적이 오른다'처럼 말이다. 전적으로 동의한다. 그럼 이건 어떤가. '철저히' 연습하라.

연습은 누구나 알고 있는 비결이지만, 누구나 실천하는 비결은 아니다. '철저한 연습'은 더 말할 것도 없다. 그간 숱하게 PT를 보고, 듣고, 해오면서 느낀 바는 사전 연습이 부족한 채로 PT에 임하는 사람이 정말 많다는 것이다. 강조하건대, 역시 연습만이 살 길이다(여기서 연습이란 사전 시뮬레이션, 즉 리허설을 의미한다).

철저히 연습하라

소위 유명 강사들을 보면 정말이지 쉽게 쉽게 강의를 한다. 머릿속 어딘가 버튼을 누르면 좌중을 쥐락펴락 들었다 놓을 이야기보따리가 좌라락 열리는 게 아닐까 싶을 정도다. 하지만 다양한 현장에서 만난 숱한 명강사들에 따르면 명강의의 비결 역시 '충분한 연습'이라고 한다.

처음에 김미경 씨를 파랑새 강의를 통해 보다가 후에 TV에 출연해 무대를 쥐락펴락 하는 걸 여러 번 보았는데 정말 강의를 잘했다. 말도 맛깔나고 전체적인 분위기가 살아 있었고 표정이며 제스추어며 군더더기가 없었다. 이렇게 강의를 잘하고 오래 하신 분이라면 별 준비 없이 무대에 올라가도 되겠지 싶었지만, 본인 말로는 그 비결 역시 끝없는 연습이라고 했다. 콘셉트를 정하고 나면 논지에 맞게 논리 정리를 하고, 그 논리마다 들어갈 에피소드 개발을 위해 몇 날 며칠을 생각하고, 원고를 다 쓴 다음에는 입에 착 붙이기 위해 또 몇 날 며칠 연습을 한다는 거다. 대한민국의 내로라하는 명강사도 자연스러운 강의를 위해 이렇게 시간 투자를 하는데 일반적인 우리야 말해 무엇하랴.

PT 역시 마찬가지다. 한 송이 국화꽃을 피우기 위해 소쩍새가 봄부터 그렇게 울어야 했듯, 한 편의 명 PT를 내놓으려면 오랜 시간을 연습에 투자해야 한다.

그렇다면 대체 연습을 얼마나 해야 무결점 PT가 가능할까. 내 주변 사례에 국한된 통계이긴 하지만 물 흐르듯 자연스럽게 PT를 하려면 기본 3~4시간은 연습에 투자해야 한다. 많게는 8시간을 연습에 바치는 경우도 숱하게 봤다.

내용을 숙지하라

연습에 앞서 선행되어야 할 것은 완벽한 내용 숙지다. 역시 당연한 이야기지만 자신이 말하고자 하는 내용을 철저히 이해하고 있지 않다면 물이 흐르기는 고사하고 툭하면 막히고 고이다가 자칫 흙탕물까지 튀기기 십상이다.

광고대행사에서도 간혹 본인이 작성하지 않은 기획서로 PT만 하게 되는 경우가 있다. 이 경우 아무래도 발표 내용을 샅샅이 파악하기 어렵고, 따라서 돌발 상황에 대처하기 어렵다. 예상하지 못했던 질문에 대해서는 말이 막히기 일쑤다. 이는 연습만으로는 극복하기 어렵다.

PT를 잘하려면 본인이 직접 내용을 작성해 '내용 그 이상'까지 확실히 준비해두어야 한다. 혹여 그게 안 될 경우에는 먼저 발표할 내용에 대해 처음부터 끝까지, 완벽히, 샅샅이 스터디를 해야 한다. 원고를 읽는 것은 말이 아니다. 그야말로 읽는 것이다. 원고를 달달 외웠다고 외운 대로 뱉는 것은 설득이 아니다. 그렇게 해서는 설득 근처도 못 간다. 암기는 기본이고 그 논지를 체화하고 내 것으로 충분히 만들어 전달해야 한다. 그때부터가 시작이다.

또 연습하라

아니, 또 연습이라니. 시작부터 그렇게 연습, 연습 해놓고 또 연습이라니. 반복은 좋지 않으니 이번에는 '틈만 나면 연습하라'고 말할까 한다. 연습은, 아무리 강조해도 지나치지 않다.

나는 PT를 앞두곤 틈만 나면 머릿속에서 시뮬레이션을 돌린다. 지하철에서도 중얼중얼 연습에 몰두한다. 한번은 직장 동료가 출근 길 같은 칸에 탄 줄도 모르고 장장 한 시간을 중얼중얼 연습을 한 적도 있다. 내리기 직전에서야 동료를 알아봤다. 그는 계속 '딴 생각'을 하며 중얼대는 나를 보고 뭔가 좋지 않은 일이 있나 오해했다고 한다. 모르는 사람이 봤다면 '정신 나간 여자'라고 생각했을 것 같다. 하지만 오해를 받는 게 무슨 대수랴. 연습을 하면 할수록 PT는 충실하고 매끄러워진다.

PT뿐만이 아니다. PT보다 소규모를 대상으로 하는 발표나 소그룹 대화도 미리 연습을 하면 큰 도움이 된다. 거울을 보면서 표정도 고쳐보고, 톤이나 억양도 다양하게 바꾸어보라. 이런 연습을 할 때도 반드시 입 밖으로 소리를 내서 하는 게 더 효과적이다.

연봉협상이나 인사고과 면담에 임하기 전에도 연습은 필수다. 혼자 이런저런 시나리오도 써보고 대응 방안도 1안, 2안까지 미리 생각해둔다. 역시 머리로만 생각하지 말고 입 밖으로 소리를 내서 연습한다.

꺼내기 어려운 말, 힘든 말도 미리 연습을 하면 '실제 상황'에서 말을 하기가 훨씬 수월해진다. 상대가 온갖 험한 말을 해대는 상황을 다양하게 상상해 선제 공격과 적절한 받아치기, 방어 대사, 표정과 제스추어까지 리허설을 해보라. 막상 상대가 심한 말을 내뱉거나 모욕적인 언사를 하더라도 훨씬 침착하고 냉철한 감정으로 '전투'에 임할 수 있다. 상상 리허설은 일종의 정신 무장 효과를 준다.

긴장 해소 필살기를 개발하라

다시 PT로 돌아가보자. 큰 실수는 긴장에서 비롯되기도 한다. 사실 중요한 PT에 설 때면 아무리 마음을 편하게 가지려 해도 긴장감을 떨치기가 쉽지 않다. 이런 상황에 대비해 긴장을 푸는 자기만의 필살기를 하나 정도 개발해두는 게 좋다. 특히 시각, 청각, 후각을 동원한 감각적인 긴장완화법을 추천한다. 눈을 감고 떠올리면 마음이 평안해지는 장면이나 화장실에서 흥얼거리면 기분이 좋아지는 노래를 하나 마음에 간직하거나, 냄새를 맡으면 마음이 안정되는 향을 하나쯤 지니고 다니는 등 자신의 작고 사적인 경험과 연관된 '비기'를 하나씩 찾아보라.

지속적인 자기암시도 큰 힘을 발휘한다. 거울을 들여다보며 "잘 할 수 있다"고 말해보는 것이다. 소리를 크게 질러 불안과 긴장을 털어내도 좋다. 운동선수들이 경기 시작 전 크게 '파이팅'을 외치는 데는 다 의미가 있다. 자기암시는 실현의 힘을 갖고 있기 때문이다.

앞에서도 언급한 적이 있는데 대중 대상 PT의 경우, 한 사람을 정해서 눈을 마주치며 말을 하면 PT를 좀 더 안정적으로 끌고 갈 수 있다. PT를 시작하기 전 일단 좌중을 둘러보고 나와 코드가 맞을 것 같은, 혹은 내 눈빛을 잘 받아줄 것 같은 한 사람을 정해 그 사람을 자주 보며 PT를 진행한다(그 사람만 보는 건 위험하지만, 자주 보는 건 무방하다). 물론 그 사람이 '키 퍼슨(key person)'이면 더 바랄 것이 없다. 결정권자 한 명을 주 타깃으로 공략해야 성공률이 높아지는 게 PT니까 말이다.

이색 스트레스 완화법

긴장은 전문 춤꾼도 실수하게 한다. PT고 면접이고 긴장은 최대의 적이다. 자신이 가진 능력치를 충분히 발휘할 수 없기 때문이다. 실제로 긴장이 지나쳐 중요한 PT나 면접을 망치는 경우를 숱하게 목격했다. '으흠, 긴장을 해서 실력을 제대로 발휘하지 못하고 있군'이라고 너그럽게 생각하는 청중이나 면접관은 없기 때문이다.
긴장을 푸는 데는 위에서 언급했듯 본인만의 긴장 완화를 위한 비법 또는 의식(ritual)을 만들어두는 게 도움이 된다. 광고업계의 날고 기는 '능력자'들도 다양한 긴장 완화법을 활용하고 있다.

우리나라 최대 광고회사 J기획의 김 모 차장은 눈을 감고 클래식 음악을 듣곤 한다. 가장 즐겨 듣는 곡은 바흐의 무반주 첼로 모음곡이다. 클래식 음악은 마음을 안정시키는 데 상당한 효과가 있는데 바이올린이나 플루트보다는 묵직한 음색의 첼로 연주곡이 마음을 차분하게 가라앉히고 중심을 잡는 데 효과적이라는 게 그의 변이다.
다국적 광고회사 B사의 박 모 부장은 아이의 사진을 꺼내본다. 저도 모르게 '엄마미소'가 나오면서 마음이 평안해진다는 이유다. 단, 이 경우는 자녀와의 관계가 변수다. 부모를 '미치게' 하는 사춘기 자녀의 사진은 오히려 역효과를 부를 수도 있으니 말이다. 이 경우 이제는 희미한 옛 사랑의 그림자가 되어버렸으나, 그 시절에는 더할 나위 없이 예쁘기만 했던 자녀의 아기 때 사진을 추천하고 싶다.
TBWA KOREA의 한 모 차장은 발성연습도 할 겸 화장실에 들어가 크게 소리를 지른다. 단, 반드시 '빈' 화장실이어야 한다. 옆 칸에 클라이언트라도 있다면 큰일이니 말이다.

O사의 이 모 부장은 헛둘헛둘 구령에 맞춰 국민체조를 한다. 우스워 보이지만 사실 몸을 풀어주는 것은 긴장 해소에 확실한 효과가 있다. 체조까진 못하더라도 무대에 서기 전 스트레칭을 가볍게 해보라. 장소가 마땅치 않다면 목이라도 천천히 돌려보라. 심호흡과 함께 목뼈 하나하나에 정성을 실어 천천히 최대한 크게 원을 그려보라. 팔을 길게 뻗거나 손을 몸 쪽으로 당기며 충분히 풀어주고 "아에이오우" 소리를 내며 입도 풀어준다. 귓불을 꼭꼭 눌러주고 마사지하듯 힘차게 비벼보라. 몸과 정신은 연결돼 있고, 몸이 편해지면 마음도 편안해진다.

날고 기는 인물들 대열에 나를 끼워 넣으려니 좀 멋쩍지만 내가 쓰는 방법도 상당한 효과가 있다. 욕을 하는 것이다. 사람 없는 곳에서 크게 욕을 외치든, 중얼중얼 작게 욕을 내뱉든, 평상시 억눌러왔던 욕망을 표출하듯 욕을 하고 나면 뭔가 기분이 산뜻해지면서 마음이 굉장히 가벼워진다(보편적 효과가 있을지는 미지수다).

스트레스를 완화하는 것은 아무래도 취향과 관련이 깊다. 가치관이 확실하면 취향을 선택하기 쉽고 취향이 있으면 인생에 방향성이 생기고 풍요로워진다. 취향이라는 게 하루아침에 생기고 자라는 건 아니니 본인의 시간과 노력을 투자하여 차근차근 준비하기를 권한다.

일관성 있는 말이
설득력을 높인다

광고대행사 TBWA KOREA에서 홍보대행사 함샤우트로 이직한 후 '인사'를 담당하게 됐다. 흔히들 '인사가 만사'라고 하는데, 사람만 제대로 잘 뽑아 적재적소에 잘 배치하면 회사가 잘 굴러간다는 의미다. 특히 '맨 파워'가 거의 전부나 다름없는 홍보대행사는 인사에 비즈니스의 성패가 달려 있다. 그만큼 중요한 일이다.

일찍이 GE의 전 회장 잭 웰치는 "내 시간의 75%를 핵심 인재를 찾고 채용하고 평가하고 보상하는 데 썼다. 각 사업부에 유능한 인재가 배치되는 것이 가장 중요한 일이고, 그렇게 하지 않으면 사업에 실패할 것"이라고 역설한 바 있다. 사업 보고를 받는 일보다, 매출 보고를 받는 일보다, 다른 그 무엇보다 중요하게 여긴 것이 인재를 찾는 일이라는 것이다. 삼성 창업주인 고(故) 이병철 회장도 비슷한 말을 했다.

"내 인생의 80%를 인재를 모으고 교육시키는 일로 보냈다."

예측가능형인가 예측불가형인가

국내외 사업의 귀재들이 이구동성으로 이렇게 말할 정도니 내가 맡고 있는 인사라는 업무에 막중한 책임감을 느끼게 된다. 인사 업무에서 사람을 새로 뽑는 일만큼이나 중요한 것이 조직에 속한 직원들이 회사에 제대로 잘 다니고 있는지 살피는 일이다. 이는 이직률을 낮추는 데 필수적이다. 또한 팀에서 소통이 제대로 이뤄지고 있는지, 다른 불편 사항은 없는지도 세밀히 살펴야 한다. 이런 차원에서 나는 직원들과 대화를 자주 나누는데 아래 직급 직원들에게 꼭 묻는 질문이 있다. 바로 '어떤 상사가 함께 일하기에 가장 힘든가' 혹은 '어떤 상사와 일하고 싶은가'다.

재미있게도 두 질문의 답은 동일하다.

"예측가능한 상사가 함께 일하기에 가장 편하고, 일관성 없는 사수가 최악의 파트너다."

공통분모는 바로 '일관성'이다.

연차가 낮든 높든, 업종이 단순 사무직이든 창의적인 제작직이든 사회생활을 좀 해본 사람들은 대부분 '일관성'을 상사의 최고 덕목이라 입을 모은다. 사회에 첫 발을 내딛은 초년병들은 어쩌면 다른 답을 할지도 모르겠다.

"능력이 뛰어난 상사요, 배울 점이 많으니까요."

"회사에서 실세를 잡고 있는 상사요. 나를 팍팍 밀어줄 테니까요."

천만에. 아무리 실세, 아니 실세 할아버지라도 미친년 널뛰듯 기복이 심한, 도무지 종잡을 수 없는 사람이라면 그 사람과 일하는 게 얼마나 힘든지 몰라서 하는 소리다. 어제 말과 오늘 말이 다르고, 어제는 저러더니 오늘은 이러는 상사와 일하는 것은, 한마디로 지옥이다. 이런 류의 경우는 이런 류의 원칙으로, 저런 류의 경우는 저런 류의 원칙으로 예측이 가능한 안정감 있는 업무 스타일을 가진 상사가 함께 일하기로는 최적격이다.

궁극의 미덕, 일관성

대학 전공(심리학) 시간에 매슬로우가 정의한 인간 욕구 단계설을 배운 적이 있다. 대학 시절에는 별 감흥이 없었는데 살다 보니 이리저리 쓰임새와 활용도가 높은 이론이다. 간단히 정리하자면 다음과 같다.

▶ 1단계: 생존

- 생존에 필요한 가장 낮은 욕구
- 기본적인 의식주와 종족 보존이 최대의 관심사

▶ 2단계: 안전

- 지속적인 생존을 보장하는 안전에 대한 욕구
- 추위나 질병, 위험으로부터 자신을 보호하고자 하는 단계

▶ 3단계: 관계

- 사회적으로 타인과 상호 관계를 맺고자 하는 욕구
- 가정을 이루고 친구를 사귀는 등 집단에 소속되어 애정을 주고받는 욕구

▶ 4단계: 자아존중

- 소속된 단체의 구성원으로서 명예나 권력을 추구하는 욕구

▶ 5단계: 자아실현

- 자신의 잠재력을 충분히 발휘하여 스스로 이룰 수 있는 모든 것을 성취하
  고 싶은 욕구

▶ 6단계: 인식

- 자신이 처한 상황이나 문제를 명확히 인지하고자 하는 욕구

▶ 7단계: 심미

- 아름다움과 일관성의 조화를 유지하고자 하는 단계

자, 최상위 단계인 7단계를 주목해보자. '일관성'이 보이는가? 인간은 본능적으로 아름다움과 질서에 대해 강렬한 매력을 느낀다. 벽에 시계가 비뚤어져 걸려 있다면 우리는 본능적으로 참을 수 없는 불안감을 느낀다. 일반적으로는, 다가가서 똑바로 바로잡는 것이 보통이다.

일관성은 매력적일 뿐 아니라 '생존과 안전'이라는 1, 2단계에 속하는 인간의 기본 욕구와 거의 같은 힘을 발휘한다. 만약, 로빈슨 크루소처럼 무인도에 혼자 난파되었고 가정해보자. 당신이 가장 먼저 할 일은 무엇일까? 아마도 배에서 같이 떠밀려온 식량이 있는지 살피고 식수를 조달할 만한 곳이 있는지를 뒤질 것이다. 몸을 피할 동굴을 찾아보고 정 없으면 나뭇가지를 얼기설기 엮어서라도 몸을 뉘일 곳을 만들 것이다. 무시무시한 야생동물로부터 자신을 보호하거나 비를 피할 수 있으며 밤이면 몸을 웅크릴 곳 말이다.

극한의 상황에서 본능적으로 발현되는 생존과 안전에 대한 욕구는 복잡한 현대 사회에서도 똑같이 나타난다. 매일매일 음식을 구하는 대신 냉장고에 식재료를 사다 쟁여두고, 하루 벌어 하루 먹고 사는 직업보다는 안정적이고 예측 가능한 정기 보수를 주는 조직이나 기업에 들어가기를 원한다. 나의 예측 가능한 범위 안에서 세상이 움직이고 일정한 패턴을 보이면 우리는 안정감을 느끼지만, 일관성이 없는 상사를 만나거나 변화무쌍한 환경에 휩싸이면 극도로 불안해지는 게 인간이다. 따라서 한결같은 일관성을 보이는 사람의 말을 쉽게 믿게 되고 더 귀를 기울이며, 일관성 있는 사람들에게 쉽게 설득 당한다.

노골적으로 말하자면 바른 말, 바른 행동을 하는 사람보다 일관되고 지속적인 말과 행동에 더 끌리는 게 인지상정이다. 도널드 트럼프 같은 사람이 대중의 지지를 받는 것도 이 같은 맥락에서 이해할 수 있다. 지속적이고 일관되게 나쁘고 황당한 언행을 보여주기 때문이다. 일관적인 행동과 말, 태도가 설득력과 흡입력에서 훨씬 큰 작용력을 미친다는 것을 트럼프는 역설적으로 보여주고 있다. 물론 트럼프처럼 굴라는 뜻은 아니지만 말이다.

절이냐 중이냐

광고회사 말년, 지난한 경기침체가 이어지면서 회사가 어려워졌다. 하나둘씩 떠나는 사람이 늘어가고 어떤 날은 십여 명씩 훅 빠져 나가기도 했다.

같은 회사에 15년간 몸담고 있는 동안 처음 겪는 상황이기도 했다. 나는 떠나는 동료나 후배를 붙잡고 물어보곤 했다. 왜 떠나냐고. 왜 그만두기로 결심을 했냐고.

사람마다 사연이야 다 제각각이지만 한 가지는 공통적이었다.

"절이 싫으면 중이 떠나야죠…."

나는 다시 묻는다.

"누가 절인데?"

부서 내 누군가와 맞지 않아서, 말도 안 되는 정책을 내는 임원이 싫어서, 비전을 제시 못하는 경영진이 답답해서 떠난다면, 나와 맞지 않는 상사나 일신상의 안위만 생각하는 임원이나 한 치 앞을 못 내다보는 경영진이 절이란 말인가.

오너 회사가 아닌 이상 나도 중이고 그도 중이다.

'절이 싫다'는 생각이 들 때는 다시 한 번 생각해보라. 중을 절로 잘못 인지하여 떠나는 오판은 아닌지 말이다.

입은 비뚤어져도 말은 바로 하랬다고, 인식이 잘못되면 제대로 말이 나올 리 없다. 잘못된 인식에서 말이 잘못 나오고 잘못된 말은 바르지 않은 판단을 유도한다. 잘못된 인식과 판단과 말로 어떻게 내 뜻을 제대로 전달하겠는가.

단, 오너가 나를 마음에 안 들어 할 경우는 답이 없다. 오너는 절이다(참, 나의 경우, 다른 절이 더 마음에 들었다).

에필로그

전달하는 연습만이
힘 있는 말을 만든다

TV 채널을 돌리다 차태현이 한 프로그램에 나와서 인터뷰하는 것을 우연히 보게 됐다. 그는 자신의 일로는 현장에서 컴플레인을 잘 하지 않지만 조연이나 보조 출연자를 위해서는 목소리를 높이는 일이 종종 있다고 했다. MC는 그 이유를 물었다. 그는 이렇게 답했다.

"사실 저는 어쨌든 현재는 주연이잖아요(당시 영화 〈엽기적인 그녀 2〉 주연을 맡고 있었다). 제가 뭐라고 하면 귀를 기울이거든요. 그런데 조연 분이나 보조 출연자 분들이 항의를 하면 다른 사람으로 대체하거나 내일부터 당장 나오지 말라고 하는 거예요. 그러니까 그 분들은 많이 참으시죠. 그 날도 조연 분이 수영장 물에 들어가서 너무 오랫동안 덜덜 떨고 있는데 촬영 준비를 제대로 안 해놓고 계속

물에 두더라고요. 제가 보다 못해 한마디 했죠. 촬영 준비를 다 해놓고 연기자를 대기시키라고. 제가 처한 위치에서 제 일로는 참아도 되는데 그 분들은 제 목소리를 못 내시니까 그럴 때 제가 한마디씩 거들어 드리는 겁니다."

그의 말은 진솔했고 감동적이기까지 했다.

의견을 개진할 때 '누가' 그 말을 하느냐는 아주 중요하다. 그 사람의 조직 내 위치나 평판에 따라 그 평가와 중요도가 사뭇 달라진다.

미국 비즈니스계 파워 우먼으로 꼽히는 도나 두빈스키는 애플 근무 시절 '독재자' 스티브 잡스에 맞서 자신의 의견을 관철시킨 것으로 유명하다. 두빈스키는 잡스의 일방적 지시에 따르지 않고 독창적 의견을 피력해 자신의 주장이 옳다는 걸 입증해냈다. 쉬운 일은 아니다. 우선 스티브 잡스가 만만한 사람이 아니고, 잡스에게 '진언'을 하기에 앞서 두빈스키가 쌓은 명성과 평판도 쉽게 얻을 수 있는 것은 아니다. 이에 대해 두빈스키는 이렇게 말했다고 한다.

"내 주장이 받아들여진 이유는 그동안 내가 쌓아온 실적과 영향력 덕분이었다. 직원들은 나를 맡은 일은 반드시 해내는 사람으로 인식하고 있었다. 맡은 일을 해내는 사람, 그것도 훌륭하게 해내는 사람으로 알려지면, 다른 사람들로부터 존중받게 된다."

물론 평판과 명성이 늘 '옳음'을 보장하는 것은 아니기에 영향력 있는 인물의 말과 주장을 들을 때 객관적 자세를 유지하기 위해 주의를 기울이는 자세도 중요하다.

이 책을 쓰는 내내 머리를 떠나지 않은 대전제도 이와 같았다. 말에 설득력을 가지려면, 먼저 그럴 만한 지위(영향력)를 얻어야 한다는 것이다.

그렇다면 나는 늘 주장을 멋지게 펼치고, 내용을 효과적으로 전달하고, 언제나 타인을 설득하는 데 성공하는 사람이라 이 글을 쓰고 있는 걸까? 아니다. 실패도 많이 했고 앞으로도 실패를 숱하게 겪을 것이다. 하지만 실패를 할 때마다 뭔가 배웠고, 꾸준히 스스로를 돌아보며 나아지려고 노력한다.

나는 불교의 가르침 중 '돈오점수(頓悟漸修)'라는 말을 좋아한다. 깨달음의 경지에 이르기까지는 반드시 점진적 수행단계가 필요하고, 깨우침을 얻은 후에도 점진적 수련이 필요하다는 의미다.

'돈오'란 진리를 깨우치는 순간이다. 살다 보면 이런 거야말로 불변한 삶의 진리라든가 어디서든 써먹을 수 있는 보편적 삶의 정수라든가 하는 깨달음을 얻는다. 아주 평범한 사람이라도 이런 순간은 있기 마련이다. 그런데 어려운 것은 '깨우침'을 지속적으로 실천하는 것이다.

순간의 깨달음은 누구에게나 있는데 그걸 지속하기 위한 수행이 바로 '점수'에 해당한다. 초심을 잃지 않기 위해서는 순간에 불과한 진리의 깨달음을 지속적으로 구현하는 마음의 수행이 필요하다.

이 책을 쓰는 시간은 나에게 바로 이 '점수'의 시간이었다. 내가 순간적으로 깨달은 작은 방법들을 나 자신도 제대로 행하고 있지 못 하지만, 깨달음을 잊지 않고 글로 남겨 나 스스로를 틈틈이 돌아보고 하나라도 더 실천하며 스스로 수행하고 싶다는 마음이었다.

이 글을 읽으면서 '어머, 나도 그런 적 있는데…', '이런 생각은 나도 했는데…'라는 분들이 많다면 더 반가울 것이다.

책을 다 완성하고 나면 내가 어떤 사람이 되느냐가 더 중요한 문제로 남게 되리라 생각한다. 아직 많이 부족하지만 매일 조금씩 나아지는 사람이 되기 위해 나의 수행은 계속될 것이다.

빠르게 명확하게 전달하는 힘

———

초판 1쇄 인쇄 2016년 10월 5일
초판 1쇄 발행 2016년 10월 12일

지은이 김지영
펴낸이 연준혁

출판 2분사 편집장 박경순
책임편집   윤서진
기획분사   배민수

펴낸곳   (주)위즈덤하우스
출판등록   2000년 5월 23일 제13-1071호
주소   경기도 고양시 일산동구 정발산로 43-20 센트럴프라자 6층
전화   031)936-4000 팩스 031)903-3891
홈페이지   www.wisdomhouse.co.kr

———

값 12,000원
ISBN 978-89-6086-991-2 (03320)

국립중앙도서관 출판예정도서목록(CIP)

빠르게 명확하게 전달하는 힘 / 지은이: 김지영. -- 고양 :
위즈덤하우스, 2016
    p. ;   cm

ISBN 978-89-6086-991-2 03320 : ₩12000

대화법[對話法]
비즈니스 커뮤니케이션[business communication]

325.26-KDC6
658.45-DDC23   CIP2016022759